语文是什么？

语文是工具，用于交际交流，丰富表情达意；

　　是载体，承载人文素养，提高审美意趣；

　　是桥梁，沟通古今中外，传承精神血脉。

语文是谈吐之中的风骨气魄；

　　是笔端流出的锦绣文章；

　　亦是举手投足间的腹有诗书气自华。

语文是根，语文是魂，是我们生命永远的陪伴。

　　它陪你喜怒哀乐，直到天涯海角；

　　它伴你一生一世，直到沧海桑田。

语文让生命在不断的经历与感悟中，

充满了智慧与坚强、诗意和远方。

热爱语文，你就会茁壮成长；

热爱语文，你就会迎着光，奔赴星辰大海！

生活·教学·素养

关于中职语文教学的行与思

张　莉/著

江苏大学出版社
JIANGSU UNIVERSITY PRESS

镇江

图书在版编目（CIP）数据

生活・教学・素养：关于中职语文教学的行与思 / 张莉著. -- 镇江：江苏大学出版社，2024. 8. -- ISBN 978-7-5684-2280-2

Ⅰ. G633.302

中国国家版本馆 CIP 数据核字第 20240QK431 号

生活・教学・素养——关于中职语文教学的行与思
Shenghuo・Jiaoxue・Suyang——Guanyu Zhongzhi Yuwen Jiaoxue de Xing yu Si

著　　者/张　莉
责任编辑/常　钰
出版发行/江苏大学出版社
地　　址/江苏省镇江市京口区学府路 301 号（邮编：212013）
电　　话/0511-84446464（传真）
网　　址/http://press.ujs.edu.cn
排　　版/镇江市江东印刷有限责任公司
印　　刷/江苏凤凰数码印务有限公司
开　　本/710 mm×1 000 mm　1/16
印　　张/13.25
字　　数/228 千字
版　　次/2024 年 8 月第 1 版
印　　次/2024 年 8 月第 1 次印刷
书　　号/ISBN 978-7-5684-2280-2
定　　价/50.00 元

如有印装质量问题请与本社营销部联系（电话：0511-84440882）

序 言

关山万重，行者无疆

很多年前我在老家工作时，参与过普通高中暑期招生，临近尾声，总有部分家长与孩子一心一意想入普高，但因中考分数线这个硬条件，最终他们只好带着无奈与伤感离开，我知道，这些孩子最终大多去了中等职业学校。我也曾应有关部门邀约，多次深入中职校调研，那上课睡眼蒙胧、下课"山呼海啸"的场面，似为"标配"。

但要问中职校语文学科的具体教学，诸如课程标准、教材体系、知识序列、能力要求、课堂样态、教学设计、考卷风格等，我则一无所知。头脑中留存的那些"标配"场面或许也会让我对中职语文教学想当然。准确地说，我从来没去细想过。

来苏工作后，从友人处知晓苏州市太湖旅游中等专业学校有一位很厉害的语文教师，教学与科研都很牛，正高级讲师也已获评，其时只是敬慕而未谋面。一次偶然的机缘，经别人简单介绍和其自报家门，第一次见到矜持中透露着干练的"牛人"张莉。

翻过新年，吴中区名师工作室成立，借助高中语文名师工作室这个平台，我和张莉又得以近距离地交流。不久，张莉说她的专著即将付梓，嘱我作序，我委婉推辞：一来我对中职语文教学不甚了解，下笔作序，会有盲人瞎马之恶；二来自己学养不深，接受作序之托，有欺世盗名之嫌。然而，张莉迅疾地把打印好的书稿邮给了我，我勉为其难，抱着崇敬与学习的心态，打开了她的《生活·教学·素养——关于中职语文教学的行与思》。

一阵清风扑面而来：详实的案例，优美的文字，清晰的逻辑，高而上的理论和微而具的案例，联袂浇灌出接地气的中职语文教学的科研之花——这完全超乎我的想象！

"生活"，是这本著作的第一个关键词。

"生活"是什么？是艰苦打拼的峥嵘岁月，还是柴米油盐的俗世烟火？是相对于"将以有为"的理想而存在的残酷现实，还是脱离好高骛远的浮躁而强调的艰辛付出？张莉没有纠结于概念，而是把"生活"与"语文"嫁接，以"生活化语文"来对接教学与研究："'生活化语文'是指语文的'教'与'学'都与生活相融相通，充分利用生活中的资源进行教育教学，并引导学生在生活中运用语文。"深究起来，"生活化语文"的"生活"，指的是具体而真实的现实世界、日常岁月，也指在现实基础上进行的概括提炼及能动思考。是的，"生活"是百科全书，而语文的"教"与"学"，何尝不是更能体现"从生活中来，到生活中去"呢？

"教学"，是此研究专著的第二个关键词。

在教言教，教师从"生活"里抽丝剥茧所言的即"教学"，对于张莉而言，指向的就是"中职校的语文教学"。第二章以中职语文的课标指向，用五个模块，分别从"课前生活化""综合实践""口语交际""阅读与欣赏""写作训练"五个维度展开，全方位建构中职语文课堂教学的模型。张老师不是满口理论的"学院派"，而是用一个个典型案例示人的"实践达人"。在各个模块中，她选取自己过往执教的公开课、示范课，整合成一个个实操性很强的教学案例，既有教学目标、教学过程、活动任务等，也有教法设计、板书设计、教学反思等，可谓具体详实。如模块四"阅读与欣赏"中的教学案例《一碗清汤荞麦面》，从教材分析、教学目标、教学设想，到导入新课、活动设计、总结全文、情感升华等，一应俱全。最后附有"案例反思"："此篇教学设计荣获苏州市课程思政优秀课例一等奖……语文学科融人文性、知识性、工具性于一体，在提升人文素养方面有得天独厚的优势。教师要充分发挥文本维度的思政育人功能，寓德育于文本教学之中。"

好的语文课堂教学，用的是课堂，教的是文本，而文本只是起点，无限的知识、无限的情感，包括对学生的思想品德和理想情操的教育熏陶，都蕴含在教师引导学生对文本深度解读的过程中。于此而言，教师功德，善莫大焉！

"素养"，是这本书的第三个关键词。

"生活"是基础，是"教学"的触发点；"教学"是对"生活"抽丝剥茧后的核心举措，也是对"生活"采取的一种理性行为；而"素养"，不仅仅是考量"教学"质量的一种现实标准，更是"教学"追求的一种理想境界。尤其是在课程标准及教材与时俱进的今天，"学科核心素养"已与学科教学如影随形。谈"素养"，某种意义上说，已不是要不要谈，而是不得不谈，重点就看怎么谈。

第三章"提升素养：生活化语文的再思考"，"再思考"显然是对前面思考的一种补充。好比"能力"不放到教学能力、科研能力、协调能力等具体情境中去理解，就会显得非常空洞。同样，对抽象的"素养"做具体理解，也应追溯至第二章"知行合一：生活化语文的教学实践"，其中课前演讲、实践活动、口语交际、写作表达等诸多模块的教学实践，正是稳步而扎实地提升学生"素养"的具体措施。

"生活""教学""素养"三个词很有生命力。"生活"最早见于《孟子》"民非水火不生活";"教学"最早见于《礼记》"古之王者，建国君民，教学为先";"素养"则最早见于《汉书》"士不素养，不可以重国"。虽历经约两千个春秋，但这三个词仍像它们诞生时那样富有活力与气度。对所有语文人来说，这何尝不是一种隐喻呢？——"生活"或许亘古平凡琐碎，但"教学"依然应用"初心姿态"，活成人人艳羡的有"素养"的模样。以这本书为证！

语文教学是一项艰苦的差事，也是一项艰险的工作。"艰苦"，是因为面广量大，庞杂琐碎，汲汲功名者耐不住这份寂寞与辛苦；"艰险"，是因为付出心血，却仍可能一事无成。在中职校从事语文教学与科研，更是难上加难。但崎岖的征途中，我们依然可以通过隐忍"艰苦"而翻越"艰险"这座关隘。以这本专著为证！

最后，谨以八个字赠张莉老师，以表达对她的敬佩与祝愿——关山万重，行者无疆！

以此为序。

江苏省木渎高级中学　王克章

2024 年 3 月

前　言

在终身教育中，中等职业教育是教育体系中不可或缺的一个重要组成部分，发达国家视职业教育为民族生存的基础和经济发展的柱石。《国务院关于大力发展职业教育的决定》提出，要建设"有中国特色的现代职业教育体系"。由此可知，中国的职业教育必将迎来蓬勃发展的春天。

语文作为中等职业学校一门重要的文化基础课，肩负着提升学生综合职业能力的重任。但目前，中职语文教学效果不容乐观。中职学生对语文学习缺乏自我效能感，认为语文学习可有可无；教材没有完全对接学生职业生活实际，学生学习积极性较差，阻碍了中职语文教学有效性的提升；教师的教法设计没有针对职校学生特点及其职业发展要求，缺乏创新性与趣味性。学生如果对语文学习不认同，就无法在语文学习中培养语文学科核心素养，进而不利于提升自身职业素养。如何让语文课程成为一门深受学生喜爱、融入专业课程与职业道德内容、切实提高学生人文素养的学科，是一个令人深思的问题。

在中职教育中，面对比四星级高中学生成绩低约 100 分的学生，面对因文化基础薄弱而厌学的学生，面对中职语文学习不被认同的学情，面对提升学生职业素养的迫切需要，语文教师任重而道远！

语文教育之于语文教师，不仅仅是使命和责任，更是职业乃至事业价值感和幸福感的源泉。作为语文教师，带领学生步入语文学习的殿堂，增强学生学以致用的能力，提升学生的素养，是一项多么有价值和意义的事业！那么，如何充分发挥语文教学的价值和作用呢？

本书凝聚了我对中职语文的探索和思考，浓缩了我从一名毫无教学经验的职业学校语文教师做起，逐步成长为区级学科带头人、大市级学科带头人，再成长为江苏省正高级讲师的心路历程和实践心得。书中不少教学案例都是精心打磨过的公开课代表作，具有实用性、探索性和可借鉴性。

语文知识的输入输出过程具有生活性、趣味性、交际性等特点。它引导学生在母语中感动与陶醉，在母语中思考与觉醒，在母语中浸润与成长。我们要发挥语文教学的特色和长处，要与学生的认知特点相结合，以学生今后的职业需要为目标，让中职语文教学融合专业、回归生活，让学生体会到语文的有趣、有用，与学生一起拓展语文实践的天地；我们要认真细致地思考和研究把学生"领进门"的方法和艺术——打开心灵之门让学生知道学，打开思维之门让学生能够学，打开成就之门让学生想要学。中职语文教学一定能真正有助于学生职业能力和职业素质的培养。

"问渠那得清如许？为有源头活水来。"针对中职学生和语文学科特点，我聚焦素养提升，以生活化语文理念为引领，以研究和应用为载体，通过生活化语文教学系列设计，建构了课前生活化、语文综合实践活动、口语交际、阅读与欣赏、写作五个实践模块，构建了课堂—生活、校园—职场相互融通的学习场域，使学生在生活中学语文、用语文、热爱语文，实现"在语文中懂生活，在生活中学语文"的良性循环，增强了学生的职业荣誉感和责任感。

在近三十年的教学实践中，我教过的中职学生的语文素养均获得较大提升：我所执教的职教高考班语文平均成绩多次位居苏州大市第一名；在语文的学习和运用的基础上，学生导游资格考试通过率多年稳居100%；学生在各类省级征文、演讲比赛中屡获佳绩。我多次开设大市级以上公开课及讲座，获得同行的好评。"生活化语文"的教学理念已经在部分中职学校得到应用和推广。

所有的学习和反思，所有的沉淀和实践，都是铺垫和洗礼。

语以启智润心，文以培根铸魂。提高学生人文素养、关注学生职业生涯发展的教学研究，我们一直在路上！

本书主要汇集了我在工作、实践中的思考及取得的一些研究成果。借此宝贵机会，向长期以来支持我事业发展的同仁表达感恩之情。由于水平有限加之时间仓促，书中难免存在一些不足和疏漏，敬请广大读者批评指正。

张　莉

2024 年 3 月

目　录

序言：关山万重，行者无疆 / 001

前言 / 001

第一章　焕发新机：生活化语文的教学初衷 / 001

　　　触发——刻骨铭心的第一节课 / 002

　　　探索——举足轻重的职业认同 / 005

　　　缘起——精进不休的核心素养 / 012

第二章　知行合一：生活化语文的教学实践 / 015

　模块一　课前生活化：打开兴趣之门 / 016

　　　让首次亮相别开生面 / 017

　　　让系列演讲绽放精彩 / 024

　　　让每日分享直抵人心 / 027

　模块二　语文综合实践活动：开拓视野之窗 / 031

　　　教学案例：语文综合实践活动——我的亲人们 / 037

　　　教学案例：语文综合实践活动——分享我的创业策划 / 044

　模块三　口语交际训练：全面发展之钥 / 051

　　　教学案例：口语交际组合训练 / 053

　　　教学案例：口语交际——接待 / 058

教学案例：口语交际——拜访 / 065

教学案例：口语交际——投诉的处理 / 071

模块四　阅读与欣赏：寻真探美之眼 / 077

教学案例：《一碗清汤荞麦面》/ 079

教学案例：《短歌行》/ 090

教学案例：《我的母亲》/ 096

教学案例：《与妻书》/ 104

教学案例：《寻梦者》/ 110

模块五　写作训练：摘翰振藻之笔 / 120

教学案例：高考话题作文"财富"讲评 / 122

教学案例：高考话题作文"诚信"讲评 / 130

教学案例：高考命题作文《心中的灯》讲评 / 138

教学案例：微型小说赏析练 / 151

第三章　提升素养：生活化语文的再思考 / 163

善用追问——生活化语文的锦囊妙计 / 164

巧设路径——生活化语文的教学策略 / 169

活用方法——生活化语文的系列战线 / 179

写在最后 / 187

努力做科研的引领者 / 188

致力做文化的传播者 / 190

参考文献 / 192

第一章

焕发新机：生活化语文的教学初衷

触发——刻骨铭心的第一节课

职业学校的招生层次分为三类：职教高考班、高职班和中专班。中专生在这些学生中综合素养相对不高。在初中时，他们往往是被忽视的群体、处在被遗忘的角落，更是老师和家长头疼的对象。因为学习成绩不佳，他们在学习中缺乏主观能动性。然而，对于这样一群孩子，我们的教育难道就真的束手无策了吗？

入职后的第一节课让我记忆犹新。开学，星期一，我来到一年级唯一的中专班上第一节语文课。去之前，我真有些紧张。究其原因：第一，我从来没教过人数如此之多（超过60人）的大班；第二，我也从来没带过进校分数如此低（中考平均分不到350分）的中专班；第三，依照惯例，带这样的班级，老师若是性格稍微柔弱一些，就会面临学生"控制"老师的尴尬局面，甚至会有学生拿老师来取乐。所以，大多数老师在上课之前首先要花费一部分精力来"维持治安"。为此，进教室之前，我还做了简单的深呼吸。当我进去的时候，果不出我所料，本来是做眼保健操的时间，但出于对新老师的好奇，几乎没有人在做眼保健操，学生们横鼻竖眼、七嘴八舌、姿态各异，戏谑地等着看语文老师的初次亮相。刚进教室，我最真切的感受是如同走进了"动物世界"。

简单的自我介绍后，作为语文课的开场白，我对他们说的第一段话是这样的："进教室之前，我把你们班每个人的入学成绩都看了一遍，如果仅从分数上看，说真心话，够低的。但分数只是一个符号，并不能真正说明什么，况且那只代表过去，在分数高的班级上课，我在不少人脸上看到的是纯粹的'书呆子气'，而在你们脸上，我看到的却是'朝气'和'灵气'，这是高幸福指数的体现。"我还信誓旦旦地杜撰："科学研究表明，一个人脸上表现出的幸福指数越高，说明这个人越有才华，这充分证明真正有才华的人是你们，而非那些只是考试得高分的人。大家有没有听过这样一句话，叫'瞎子精，哑巴灵'，心理学上称之为互补原则，是说一个人在某一方面有欠缺，那他在其他方面一定有过人之处。就像你们一样，考试考不过他们，但你们一定有自己的独特之处，而那就是才华的真正所在，短处就暂时让它先'短'着，我们要让我们的长处更'长'。"

万万没想到，我只是随口说说的几句话，隔了一天就在一位内向的女生身上应验了。

星期三，轮到班里学号为 2 号的女生李淑婷做课前三分钟演讲，她是这样说的："今年的暑假，是我有生以来最难过的一个暑假。我有两个同学和我是邻居，他们都考上了重点中学，而我却只能进职业学校。可恨的是，他们的父母心知肚明，却每每故意当着我的面问我的父母我考了几分、上了哪所学校，最让我伤心的是，我还得为我那两个同学庆祝。"

对于职业学校，她打了一个比方："在我的感觉中，职业学校就像掉入大便池中的身上仅有的一张百元钞票。捡了难过，不捡更难过，所以最后，咬咬牙还是选择捡了。"当时，听完这几句话，我心里一惊，没想到在这样的班级里，竟然存在如此有见解的学生，我忍不住插了一句："你该捡，捡了你会发现这一百块钱很值而且很实惠。"

最后，她说了一句让我刻骨铭心的话："前天，我们可爱的语文老师在第一节课上竟然说我们是最有才华的，我长这么大，还是第一次有人这么评价像我这种人。冲这句话，今后上课我也要认真听讲。"

在李淑婷同学对其暑假真实心路历程的叙述中，我分明看到了她脆弱的自尊遭到一次又一次沉重的打击，在她强装笑颜的背后是一颗流泪、哭泣的心灵，难道成绩不够好的学生就没有自尊吗？难道他们就应该被漠然视之、粗暴对待吗？不！他们更需要呵护与关爱。如果总是受到奚落、嘲讽、指责、怒斥，那么他们只会对自己越来越失望，越来越感到前途渺茫，最终很可能自暴自弃，自认为无可救药、未来一片黑暗。他们需要希望与阳光，需要肯定与鼓舞，当人们用真诚的赞许开启他们的心灵之窗时，那一抹曙光就会驱逐阴霾，带领他们逐步走出阴影。因为，自尊心是弓，自信心是箭，需引长弓放长箭。

在这样一个平均分较低的班级中，有这样一位学生用"掉入大便池中的百元钞票"来形容自己对职业学校的看法，用"捡还是不捡"表现自己不忍心而又不甘心的矛盾心理，其见解之精辟独到、表达之入木三分，让人大开眼界。同时，我发现很多成绩不够好的学生其实隐藏着深邃的洞察力和敏锐的鉴别力，这是难能可贵的，它是创造力迸发的前提，我们千万不能熟视无睹，而应以此为契机，拿起激励的"武器"，继续激发他们的潜力，让他们在潜能的充分发挥和才华的尽情展示中重拾自信，走向自强。"细节成就完美"，抓住课堂内外的每一个小细节，做足文章，都可以迎来教育的百花齐放。

事后，我对如此内向的学生称我为"可爱的语文老师"一事思考良久。她为什么会认为我"可爱"，而且如此勇敢地表达出来？那是因为我的信誓旦旦，我的有意杜撰，我的真诚表白，使他们得到了前所未有的肯定——赢得了"最有才华的人"这个殊荣。学生深受感染，以至下定决心以后要认真听课。同时，学生对我的肯定也感染了我，我暗下决心，冲着这个"可爱"，今后也要认真上好每一堂课。至此，教育的前期效果也就达到了。

教育者立人当先立言，我们应当格外注重自己的言语言辞，因为我们不经意的一句话就可能影响学生的一生。希望我们能给学生带来更多的积极影响，如同一盏明灯，照亮他们今后的人生道路。

这个案例让我认识到学生的自信自强来源于学生对自我的认同、对中职生这个身份的认同。那么，语文在其中能发挥怎样的作用，又扮演着怎样的角色呢？

由此，我将语文教学与学生的职业认同感相联系，只有具备了职业认同感，学生才能从知识中汲取营养，从而提高素养。

探索——举足轻重的职业认同

全国人大教科文卫委员会组织的赴江苏、福建等 7 省（自治区）有关职业教育的专项调研发现，尽管国家把职业教育定位为促进经济、社会发展的重要基础和教育事业发展的战略重点，但在现实中，重普教、轻职教，重研究型人才、轻技能型人才的现象仍很突出，职校招生仍处困境。

我在财会、酒店、导游、商贸英语、计算机 5 个专业的职校一年级新生中随机抽取 100 人进行了关于"幸福感"的调查。当被问到"读职业学校是你自己的内心选择吗？"时，回答"是"的仅 30 人，有 70 人的回答为"不是"或"说不清"；当被问及"你喜欢你选择的专业吗？"时，回答"是"的仅有 36 人，回答"不喜欢"和"说不清"的有 64 人。

再对比这样一组数据：2005 年以来，职业学校毕业生的就业率整体保持上升态势，近 10 年，中职毕业生就业率一直稳定在 95% 左右，已然超过同时期高等教育院校毕业生的就业率。

高达 95% 的就业率为何仍旧不能给职业学校学生以"幸福感"？在国家大力倡导"上职业院校不再低人一等"的今天，职业学校的学生为何仍旧缺乏对自己所处学校及自己所学专业的认同感？

我通过调查和走访，归纳具体原因如下。

原因一：学生生源状况不容乐观

不少家长认为："蓬生麻中，不扶而直；白沙在涅，与之俱黑。"学生之间的相互影响不容忽视。职校相对于重点高中和普通高中，属于录取的后一批次，学生分数相对偏低，生源素质相对较差，由于大部分学生人文素养缺失，故较难形成良好的学习风气，孩子久处其中，难免受不良影响，故学生家长对职校有排斥心理。

原因二：学生职业前景不够广阔

家长普遍认为，虽然职校能学得技术，学生毕业后能马上就业改善家庭经济状况，但职校生即使收入再高，始终还是个"蓝领"，在社会上难有显要的地位。孩子通过普高考上大学，成为"白领"，仍是许多望子成龙的家长的期待。

原因三：学生专业认知比较模糊

未能升入重点高中甚至普通高中的学生，通常被舆论认为是学习和发展竞争的失败者，其价值观受到世俗的影响，因而不能对自身形成正确客观的评价；年龄和社会阅历的不足导致他们对自己专业的认识及对职业的选择模糊不清，他们看不清方向，看不到职业的出路，对前途感到迷惘。他们选择职校大多出于无奈，容易盲目自卑，缺少正确的自我认知及重新设计未来蓝图的自我规划。

北大教授陈洪捷说："在德国，职业教育与其他教育是平等的。学生在职业学校并不只是学会一种谋生手段，更重要的是这种技能赋予人生一种意义，比如说价值观念、职业认同等等。"①

什么是"职业认同感"呢？职业认同感是一个心理学概念，指个体对于所从事职业的目标、社会价值及其他因素的看法，与社会对该职业的评价及期望一致，即个人对他人或群体有关职业方面的看法、认识完全赞同或认可。

有了对职业的赞同和认可，有了职业认同感，学生才会有学习的动机，学校才会有良好的生源和良好的教学质量，才会形成良性循环。

那么，如何才能塑造广泛而真切的职业认同呢？

（一）以人为本，转变传统观念——构建职业认同感

1. 转变课程观

课程是职业教育改革的重点，也是职业教育中与学生"面对面"的关键部分。明晰课程的功能及课程体系的价值结构，易于促进人才的培养。

---

① 中国青年报.我们应该学德国　在义务教育阶段加入职业教育——专访北京大学德语研究中心主任陈洪捷教授［N/OL］.（2009-03-19）［2023-03-05］. https：//zqb.cycl.com/content/2009-03/19/content_ 2588226. htm.

从"以人为本"和"教育公平"的角度来看，职业教育课程需要发挥三大功能。

（1）提高学生的就业能力

职业教育最显著的特性是职业性和实践性，因此，职业教育的课程是以提升学生就业能力为重要目的的。在全国职教会精神经验交流会暨2005年度职成教育工作会议上，时任教育部部长周济明确指出，中等职业学校的培养目标是数以亿计的高素质劳动者，要坚持以服务为宗旨，以就业为导向，推进职业教育的改革和发展。一直以来，我国的职业院校十分重视对学生实践技能的培养，但是，由于各种客观原因，学生就业能力提升的效果并不理想。当前，在我国经济社会发展的大环境下，学生的实践技能培养是促进学生就业的本质要素，作为现代课程体系，职业教育课程应当把握技能课程体系的重要性和关键性。

（2）有效促进学生全面发展

高素质的职业人才是在职业教育和职场生涯中逐步培养出来的，而非仅靠职校学习阶段的学习。人们常说，信息社会是学习型社会，知识经济时代是终身学习的时代。如今的学生是终身学习者，因此中职教育应该为学生终身的可持续发展打好基础。

目前，职业教育在发展与实践中往往更重视学生实践技能的训练和提升，而在一定程度上忽视学生的智力发展。个别职校由于某种原因甚至以培训的方式开展职业教育，这种教育模式直接导致职业院校学生的思考能力、创新能力受到限制，发展性受到一定的抑制。

所以，职业教育的课程必须以促进学生的全面发展为己任，以学生的发展和需要为教育的出发点和落脚点，通过针对性的课程设计、有效的教学方式等来强化学生解决问题的能力，提高学生的创新力和思辨力。

促进学生智力发展也是从以人为本的角度出发、基于学生的可持续发展而提出的、教师必须遵循的重要教育理念。

（3）逐步强化学生人格修养完善

人文教育是促进学生人格培养、品行提升、道德完善和个性成长的重要环节，简单而言，人文教育就是做人的教育，人文教育不仅让人更有想象力和创造精神，也可以使人更好地认识世界、认识社会、认识人生、认识真善美，并能发自内心地更好地关心人、热爱人、热爱生活，更好地运用所学的知识、技能为社会与人类服务。相关调查数据一再显示，企业越来越看重的是人才的职业道德素质和职业精神。中科院院士杨叔子说："没有先进的科学技术，我们会一打就垮；没有人文精神、民族传统，一个国家、一个民族会不打自垮。"①

因此，课程设计必须全面关照学生人文素养的发展需求，发挥职业教育课程完善学生人格的核心作用，除了有利于学生的就业和满足企业的需求之外，更重要的是，它有利于学生的人格健全和职业生涯的可持续发展，体现了对人的尊重。

具体通过哪些课程来实现这三大功能呢？

现代化课程观将职业教育课程分为三类：一是文化类课程，讲授理论知识和经验知识、文化基础知识与职业专门知识；二是技能类课程，讲授某项职业所需的技能，实践性较强，目前往往放在实习、实训中实施；三是人文类课程，包括思想政治、职业道德、职业生涯设计、职业指导等课程。

人文课程是一个宽泛的概念，它的内涵十分丰富，诸如理想教育、价值教育、精神教育、伦理教育、责任教育、行为教学、形象教学等，都属于人文课程体系的范畴。人文课程体系通过形式多样的教学模式，比如课堂教学、主题活动、户外体验、实践融入等，有效构建学生正确的价值观，提升学生的道德素养、人文涵养、职业修养和品行教养等，使学生实现全面的个性成长，具备可持续发展的能力。

2. 转变学生观

在中国目前的教育背景下，教师对职校学生要发自内心地重新审视与定位。职校学生在过去以分数定成败的学习生涯中可能受到过老师的一次次批评，往往得不到父母和老师的关注、肯定和尊重，一定程度上来说，他们中的一部分或多或少有些性格的扭曲和心智的不健全。他们是值得深切"同情"的，因为他们巨大挫折感的产生与多年来教育的结构性失衡有

---

① 中国大学人文启思录编委会．中国大学人文启思录：第一卷［M］．武汉：华中理工大学出版社，1996：301.

着密切联系。原先学校的应试教育有多"昌盛"，这批被"筛选"下来的学生的"失败感"就有多严重。应试教育将他们判入"另册"、打入"冷宫"。

从学校角度来看，对传统学生角色过分强化的结果便是学校仍然摆脱不了以学习成绩为评价标准的固有观念，而学习成绩又恰恰是职业学校学生的弱势所在。众所周知，职业学校学生本身学习基础相对较差，学习起来困难重重，学生因畏难情绪对学习丧失兴趣和信心，成绩差的学生还会遭受歧视，学习上的这种压力和困难更加深了学生的自卑心理，从而促使学生逃避学习，久而久之便会产生"破罐子破摔"的心态。如果一味地用学习成绩去评价学生，只会进一步削弱学生的学习动机。

美国教育学家和心理学家加德纳的"多元智能理论"告诉我们，具有头脑灵活、表达能力好、动手能力强、有创新意识等特点的孩子更适合被培养成技能型人才。在职业教育蓬勃发展的当今，为他们铺设一展风姿的大舞台，重塑目标的青年人将焕发生机，拥有更广阔的发展前程。

3. 转变教学观

从某种程度上说，目前中国职业学校的"职业化"程度并不高，文化课替代专业课、理论课替代实践课的现象较为普遍，职业教育成为普通教育的附庸和翻版。这就难怪学生趴在课桌上酣睡了。实际上，学习是个大概念，它绝不等同于语、数、外等几门基础学科，也不完全适用纯知识、强记型的传统学习方式。现代的学习理念更强调广泛涉猎、动手实践、探究创新。

职业学校的教学方法应由培养目标的定向性、课程内容的实用性和教学过程的实践性来决定。职业学校教学质量的高低，往往与所采用的教学方法有密切的关系，教学方法决定学生获得知识、掌握技能和形成能力的实现程度。

在这一点上，职业教育应该更勇敢地自立门户，走一条有显著特征的教育之路。找到了问题的症结，也就解放了学生。"上帝关闭了他一扇门，必定为他开启一扇窗。"枯燥、机械的学习会让一部分学生望而生畏，在繁复的实训操作面前他们反而如鱼得水。这说明学生有活力，只是需要"开启"。

学得会的课堂、有价值的课堂、有活力的课堂是职校生对课堂教学的期待。

在学生正视自己的基础上，教师要引导学生根据自身的兴趣爱好和智能特点选择学习专业所需的知识、技能，从而树立职业认知和职业理想，自觉地关注未来就业岗位的需求，有针对性地丰富知识储备、提升技能和实践能力。

所以，教师首先应该做的就是帮助学生树立学习上的自信、淡化学习上的阴影，自信心是一种重要的人格品质，它对心理健康和成功的人生有极大的影响。因此，职校教育应该扬长避短，尝试从塑造学生未来职业角色入手，使学生从纯粹学习者的角色转向学习者与工作者同一的角色，帮助学生走出学习上的困境。①

（二）激发成就感，满足尊重需要——强化职业认同感

美国学者门德勒于1992年在一项研究中指出："当孩子有不良行为时，实际上是在告诉我们，他们需要帮助来学习另外一种行为方式，他们的某些基本需要没有得到满足，而满足这些需要正是激励恰当行为所不可缺少的。"②

心理学研究表明，人的需要从低级到高级可分为基本生理需要、尊重需要、认知需要、自我实现需要等七个层次，并且只有当较低级的需要基本满足以后才会产生较高一级的需要。由此可知，尊重需要是每个人的天性，并且只有当其获得满足以后，一个人才可能有求知、求学等更高层次的追求。而最能满足尊重需要的就是个人的成就感了。成就感是个人对自己的行为及其结果感到满意或产生成功感受的一种积极的情感体验，是人们实现自我价值、满足尊重需要的基本前提。在当前现实情况下，一般是中考成绩排名位于后半段的同学选择中职学校，他们是义务教育阶段经常被忽视的弱势群体，表扬与成功常常与他们无缘。因此，中职学生是成就感非常匮乏的群体，他们比普高学生更需要成就感。

教师可以从灵活处理教学内容，采用以激励为主体的教学方法，并从在学生管理中注重发现长处、褒扬进步等方面入手，激发学生求知、实现

---

① 田小红. 学生课堂生活方式研究［D］. 成都：四川师范大学，2004.
② 何丽霞. 从职业学校教育的负向功能看学习动机的培养［J］. 职教通讯，2008（4）：19-21.

自我价值等更高层次的需求。

加德纳的多元智能理论认为，人由八种紧密关联但又相互独立的智力组成。这一理论为人们提供了一种多维地看待人的智力的视野和方法，多元智力理论的广阔性和开放性对于我们正确、全面地认识学生具有很高的借鉴价值。各种智力只有领域的不同，而没有优劣之分、轻重之别，也没有好坏之差。因此，每个学生都有可以发展的潜力，只是表现的领域不同而已。这就需要教师在以促进学生发展为终极关怀的参照下，从不同的视角、不同的层面去评价每一个学生，坚持评价主体的多元性，使每个学生得到不同程度的鼓励、表扬，拥有一定的成就感，从而提升他们积极上进的动力和信心。

在学生的成就感不断被激发、尊重和需要不断得到满足时，他们对所选的学校、所选的专业才会产生越来越深的认同感。正如一位已毕业的学生在学校网站的留言："在别人的眼里，我曾经是一个不成功的代表。中考落榜后，我找不到方向和目标。在职校，我学到了文明的行为举止、扎实的专业知识、熟练的技能技术，提升了灵活人际交往和有序办事的能力……在和谐的校园环境中展现自我、实现自我。我庆幸自己当初的选择。"

综上所述，职业教育，特别是职业学校，要解决"认同感"问题，平衡点是提高质量，根本点是明确职业教育的办学方向。目前，我国的职教发展规模达到新高度。但做大不等于做强，要做强，实现又好又快发展，就必须较大幅度地提高职业教育的品质。质量是职业教育的生命线，内涵发展、学生发展是职业教育的本质问题，职业学校要首先考虑学生需要，通过政府引导和企业支持，提高学生就业和发展能力，获取企业满意、国家认同，从而进入良性循环。

育人先育心，只有从根源上引导学生树立职业认同感，使其认同中职生也有广阔的发展前景，即学生提升了动力和自信心，才有在教师的正确引导下汲取知识的养料、提升职业素养的可能。因此，职业学校的教师在开展教育教学的过程中应该牢记教育者的神圣使命和责任担当。

缘起——精进不休的核心素养

在中职教学中，为激发学生的职业认同感，提升学生的职业素养，语文究竟能起到怎样的作用？语文和生活又有着怎样的联系呢？

目前，在全国核心素养研究进行得如火如荼的情况下，教育部提出要进一步明确各学段、各学科具体的育人目标和任务。

专家指出，各学科都有核心素养，要通过学科核心素养的落实将其转化为学生的素质。由此可见，学科间通力合作是构建学生核心素养的重要前提。

2016 年 9 月，北京师范大学的研究成果将中国学生发展核心素养分为文化基础、自主发展、社会参与三个方面，综合表现为人文底蕴、科学精神、学会学习、健康生活、责任担当、实践创新六大素养。

当对核心素养的模型基本达成共识后，对核心素养的推进研究就聚焦在如何将核心素养转化为学科核心素养、如何通过具体学科或者跨学科的综合活动发展学生的核心素养、如何判断学生的核心素养是否养成等方面。

因此，在核心素养的研究背景下，对各学段、各学科具体的育人目标和任务的研究势在必行。把党的教育方针具体化、详细化，将其转化为学生应该具备的核心素养，更有利于其在具体的教育教学过程中贯彻落实。

职业学校学生的"核心素养"在不少文献资料中被定义为"职业素养"。对于职业学校来说，培养和提高学生的职业核心素养是增强学生就业能力的根本。职业素养是国民素质的重要组成部分，是一种资本，一种有价资源。

现代社会越来越多的企业把职业核心素养作为甄选人才的重要标准，这是社会发展的必然趋势。而目前中职毕业生的职业素养不尽如人意，存在人文素养缺失、道德素质滑坡、专业素养单薄等问题。当前，大多数学校存在"应试之殇""考证之殇"。在内容导向上，只重视技能结果而忽视其他素质评价，不能够全面考虑人才的发展需求；在评价标准上，只关注一元化发展，与多元化发展的要求相差甚远。提升职业素养是提高职场竞争力的重要途径，会对学生日后发展产生深远影响。因此，培养职校学生的核心素养是职业教育的核心，是当前职业教育改革面临的重大课题。

语文是中等职业学校一门重要的文化基础课。它极强的工具性，使学生能运用语言文字解决工作、学习、生活上的问题，较高的语文基本素养和较强的语文基础能力可以为学生后续专业课的学习、日后职业能力的发展与终身学习打好知识和能力基础；它丰富的人文性，可以提升学生的人文素养，为学生形成科学的世界观、价值观和完善健康的人格奠定坚实基础。语文与职业核心素养的内在联系，决定了中职语文教学担负着极为重要且特殊的任务，即提升学生的综合职业能力。

中职语文教学如何焕发生机和活力，实现中职语文的育人目标，提升学生的核心素养，需要结合语文学科特点探究适合中职学生的教学策略。

语文源自生活、服务于生活，语文的外延与生活的外延等同，语文知识的产生过程具有生活性、趣味性、交际性等特点。语文中如果没有生活，就会成为无本之木、无源之水，不利于学生语文素养的提升，会给学生以就业能力为核心的职业能力的发展带来不利影响。因此，在中职语文教学中，要坚持渗透生活化的教学理念，强化生活化课堂的构建，推进现实生活和语文课堂的互联互通、有机互动。

但教师在目前的中职语文生活化教学中，往往教学目标功利化，与学生实际生活脱离；教学内容固定化，忽略了生活资源的开发；教学过程形式化，缺少学生生活化的自主体验。这导致学生对远离生活的语文课堂兴趣不强，学生的生活经验不足，缺乏独立思考能力。在具体教学中，有的教师为了保持授课进度，没有余力去开发新的生活化的教学资源，因此中职的生活化语文学习未能深入开展。

综上可见，应从培养学生核心素养的角度出发，将中职语文教学与职业核心素养有效整合起来，找到一种适合中职学生自身发展的中职语文教学的职业化模式。

因此，我结合教学实践，从独创的课前生活化、教材中的语文综合实践活动、口语交际、阅读与欣赏、写作五个模块对语文的生活化教学进行了探索。

第二章

知行合一：生活化语文的教学实践

模块一　课前生活化：打开兴趣之门

俗语说："良好的开端等于成功的一半。"可见开端有着举足轻重的地位。这句话适用于很多领域，对于语文教学亦然。传统意义上的语文教学，拘泥于循环往复的字、词、句、篇的讲解、剖析，既肢解了活生生的语文，又弱化了语文的人文性，学生还有什么学习兴趣可言？更不要说什么教学质量了。其实，语文是一门充满思想、充满智慧、充满人文精神的学科。语文教学作为母语教学，学习资源和实践机会无处不在、无时不有，语文教学应该是走向综合化和生活化的教学。如果我们抓住语文教学的这一特点和本质，将其渗透于语文学习的开端，让学生体会到语文学习的乐趣，激发他们学习语文的主观能动性，就会收到事半功倍的效果。科学家杨振宁说得好："成功的真正秘诀是兴趣。"

那么，一个良好的开端应如何建立？该如何把握好这个重要的开端呢？教师不妨尝试在语言文字的提炼中进行文化的点拨，让语文学科真正成为文化的载体，便不难发现：峰回路转，曲径通幽，事半功倍。

让首次亮相别开生面

教师在接手一个新班级或每学期开学的第一节课前，都要煞费苦心、精心组织。第一节课是整体语文教学的重要开端，是培养学生语文学习兴趣的关键。学生最容易先入为主，受第一印象的影响。这节课上得新、上得活、上得别开生面，引起学生对语文的好感，留下一个好的初次印象，便会产生良性循环，使语文课成为学生心中的期待。我的做法是以生活为依托，从语文知识细微之处入手，让学生明白：生活处处皆语文。以下举教学实例进行说明。

（一）畅谈印象，了解学习情况

1. 学生交流：对语文的印象，语文学习的心得。

2. 教师小结：我们在牙牙学语之时就接触到了语文。语文包括语言和文学。语文是博大精深、丰富多彩且包罗万象的。生活处处有语文，人生处处是精彩。只要沉浸在语文学习之中，我们就会发现一个精彩的世界，就会产生无穷的乐趣。

（二）游戏测试，激发学习兴趣

1. 读音辨析

学生从幼儿园、小学开始就接触到拼音，但他们只是按照老师的要求读、诵、记、背，很少进行深入的思考，很少进行生活化、综合化的应用，因此，也就很难体会到读音运用的乐趣。为此，我用以下几种方法来激发学生的兴趣。

例一：出示一副对联，让学生读：

海水朝朝朝朝朝朝朝落，浮云长长长长长长长消。

上联和下联分别有七个相同的字，这可怎么读呢？这样的对联激发了学生的好奇心，他们反复猜读，不得要领。我提示他们，应先明确对联含义，再根据含义注音，学生恍然大悟，马上得出结论，这幅对联应读作：

海水朝 cháo，朝 zhāo 朝 zhāo 朝 cháo，朝 zhāo 朝 cháo 朝 zhāo 落；

浮云长 zhǎng，长 cháng 长 cháng 长 zhǎng，长 cháng 长 zhǎng 长 cháng 消。

例二：辨析读音：

知者乐水，仁者乐山。（yào，yào）

读音的不同源于意思的不同。此句意为，智者喜爱水，仁者喜爱山。（乐：喜爱）

例三：再出示一副对联，让学生读：

银行行行行行，国家兴家家兴。

学生兴致盎然，发现此句应读作：

银行 háng 行 xíng，行 háng 行 háng 行 xíng；国家兴 xīng，家家兴 xīng。

这三例的运用，不仅仅让学生体会到了语文学习的乐趣，更让学生明白了汉语言文化的博大精深，看似简单的字音都要有理解作为基础，语文学习远非想象得那么简单。

2. 对联评说

对联可以说是中国传统文化的一个缩影，每一个学生对其都并不陌生。教师可以让学生对这一文化现象进行评说，去感受妙趣横生的文字魅力，真正体会字斟句酌的必要性，明白古人为何"吟安一个字，捻断数茎须"。

例一：明才子解缙，门对富豪的竹林。除夕，他在门上贴了一副春联：

门对千根竹，家藏万卷书。

富豪见了，叫人把竹砍掉。解缙深解其意，于上下联各添一字：

门对千根竹（短），家藏万卷书（长）。

富豪更加恼火，下令把竹子连根挖掉。解缙暗中发笑，在上下联又各添一字：

门对千根竹（短无），家藏万卷书（长有）。

富豪气得目瞪口呆。

例二：可口可乐公司在进军中国农村市场时，巧用品名，投其所好，在春节期间，开展了大规模的免费送春联下乡活动。

上联：春节家家包饺子　　下联：过年户户燃爆竹　　横批：可口可乐

上联：新春新意新鲜新趣　　下联：可喜可贺可口可乐

例三：理发店广告：虽云毫末技艺，却是顶上功夫。

通过解析，学生明白了对联中同样蕴涵着智慧，寄托着人世间的悲欢离合、喜怒哀乐，具有很强的实用性与文学色彩，真正体现了"浓缩才是精华"，直到今天仍魅力不衰。文字的组合原来如此精彩纷呈！

3. 断句练习

对于标点符号，学生太熟悉了，在平时的语文学习、作文训练中经常用到。但不少学生写作文时标点符号使用不甚恰当，不知如何正确地使用标点符号。实际上，同样的句子在不同的地方停顿，表达的意思可能完全不同。学生虽经常使用标点符号，却容易忽略其在句子中举足轻重的作用。

我以两个有趣的小故事为例，让学生在黑板上为关键句加上标点，并依次朗读，分析含义。这一活动学生反响很好。

例一：古时候，婚姻大事都是父母之命、媒妁之言。当时，有个媒婆替大户人家的少爷说亲，写了一行字："漆黑头发全无麻子脚不大周正。"还说保证姑娘的容貌就如纸条上所写的那样。大户一看，心花怒放，同意了这桩亲事。

大户把这行字念成什么？

明确：漆黑头发，全无麻子，脚不大，周正。

可把新娘迎娶进门、送入洞房后，他们才发现新娘是个肤色黝黑、秃头、瘸腿、一脸麻子的女子。大户找媒婆算账，媒婆却不认账，说她纸条上写得明明白白：

明确：漆黑，头发全无，麻子，脚不大周正。

例二：王勇聪明勇敢，专爱和有钱有势的人作对。一个财主为了报复他，故意雇他做长工。一天，财主和老婆下棋，把王勇叫到跟前说："咱们赌个输赢。你猜这盘棋谁赢？猜对了，赏你一个元宝；猜错了，打你二十皮鞭。"王勇随即写了"你赢她输"四个字。财主故意输给了老婆，得意洋洋地要打王勇二十皮鞭。等王勇念了一遍这四个字，财主却无话可说。

明确：你赢她？输！

第二盘，财主赢了老婆。王勇把这四个字又读了一遍，财主仍是毫无办法，既没有打成王勇，又赔了元宝。

明确：你赢，她输。

这一训练又让学生有了一个新的发现：标点在现实生活中的作用不可小觑！

4. 一词多义

在汉语中，许多字词除了字面意思之外，还有多层引申义，这是令很多初学汉语的人头痛的事。面对一些字词时，学生往往只知其一不知其二，容易望文生义、断章取义，甚至想当然。为了提醒学生关注这一点，我便举两例为鉴。

例一："东西"本是方位名词，也是中性词，但是汉语中有一句话叫"你是什么东西"，"东西"在这里就变成了贬义词。

有一次，一小学校长到教室去听地理老师的课，地理老师为了使这堂课上得形象生动，特意带了一个地球仪。在课上，老师问："同学们，你们看，今天我们教室里多了个什么东西呀？"学生把目光集中到校长身上，然后一起回答："校长！"老师立刻纠正道："校长是东西吗？"学生又一起回答："校长不是个东西！"校长尴尬至极，拂袖而去。

例二：送红包时，含义丰富的"意思"：

领导："你这是什么意思？"

阿呆："没什么意思，意思意思。"

领导："你这就不够意思了。"

阿呆："小意思小意思。"

领导："你这人真有意思。"

阿呆："其实也没有别的意思。"

领导："那我就不好意思了。"

阿呆："是我不好意思。"

教师总结：无论是说话还是写文章，在遣词造句上都不能随心所欲，而应该多揣摩、多推敲，这样说出的话才不会有歧义，写出的文章才语意明确。

5. 现代语言的运用

现代媒体中，比如抖音视频、天气预报的播报、微信推送等，有不少语言的妙用。

例一："天猫精灵"在有雨时的天气预报。

如果明天中到大雨，是这样播报的：这么大的雨，要不是为了梦想，谁会愿意出门？

如果明天雷阵雨转暴雨，是这样播报的：风雨发威如虎豹，也不过是梦想路上的小病猫。

这比普通的天气预报更有语文的味道、生活的味道。

例二：自驾出游经过湖北黄冈红安县，看到高速公路边指引牌上写着"两百个将军，同一个故乡"。这背后蕴含了什么？这是一座怎样的城市？红安县出过董必武、李先念两位共和国主席，还有223位将军。这个县有14万人为革命献出了生命，难以想象红安人为革命做出了多大的牺牲。红安本来叫黄安，后来，中央用"红"字来纪念这个英雄的地方，黄安改名红安，是新中国唯一以"红"字命名褒奖的县，被称为"中国人亏欠最深的县城"。历史滚滚向前，这些英雄事迹让我们致敬和缅怀！

如果这是一篇微信推送，我们可以用哪几句作为文章标题？

如：两百个将军，同一个故乡；中国人亏欠最深的县城。

例三：暑假自驾旅游，途经宁夏和青海时，总是看到这样一条标语：必须高举中华民族大团结旗帜，促进各民族在中华民族大家庭中像石榴籽一样紧紧抱在一起。（习近平语）

为什么用石榴比喻民族团结？有什么妙处和深意？

"石榴"和"石榴籽"的关系，正是对"中华民族共同体"的形象比喻。各民族像石榴籽一样紧紧地抱在一起，象征着我们都是中华民族的一分子。在中国传统文化中，石榴被视为吉祥物，是多子多福的象征，恰如中华民族大家庭的多民族特色。石榴果成熟后，颗粒饱满，颗颗相抱，正如56个民族紧紧团结在一起。石榴果千子同一，体现了中华各民族"你中有我，我中有你"的多元统一。如何紧紧相抱呢？就是各民族要守望相助。这条标语还体现了语言运用的场合选择，以及伟人的胸襟和情怀，让少数民族同胞感到了温暖。

6. 生活中语言的含蓄美

教师举例：如果喜欢一个人，同学们不用多言，只需发给他（她）一张晚霞的照片。如果有人给你发晚霞的照片，不要回复"好看"，要回"我也想你了"。因为"晓看天色暮看云，行也思君，坐也思君"；昼赏微云夜观星，醒亦念卿，寐亦念卿。

7. 词义变化

在汉语中，有些字词随着时间的推移，词义发生了变化，尤其在文言文的学习中，我们要特别注意这一点。

例一：词义缩小。如"臭"，在古代"臭"泛指一切气味，现代只剩下一个意思，指不好的味道。比如杜甫的诗句"朱门酒肉臭，路有冻死骨"，很多人理解为：高门贵族家中的酒肉都放臭了，平民百姓却在忍饥挨饿，甚至会在寒冷的冬天冻死。而正确的解读中"朱门酒肉"应该是散发着香味的。不懂词义缩小，就会犯下望文生义的错误。

例二：词义扩大。如"菜"，古汉语里只指蔬菜，如今统称肉食和蔬菜。只要能端上桌子供人食用的，不管是荤还是素，统统可以称作"菜"。

例三：词义转移。如"牺牲"，古汉语中指的是祭祀用的牛、羊等动物，而现代汉语中，它的意义转变成为了某种目的而舍去自己的生命或权利。

例四：感情色彩变化。如"爪牙"，古汉语中指的是勇猛的干将、得力的助手，是褒义词。现代汉语中，其义转变为"坏人的帮凶"，为贬义词。

8. 古语新说

人是靠语言来思维的。对于众多从古代沿袭、保存下来的谚语、俗语，不妨试着在课堂上师生共同研讨，组织学生站在现代人的立场上以学者的眼光对这些宝贵的精神财富重新思考和判断，拓展学生的创造性思维。古人云："尽信书不如无书。"批判性本就是创造性思维的特征之一，没有怀疑也许就不会有发现，没有批判就不会有创造。

我做了一个示范："挂羊头卖狗肉"——比喻用好的名义作幌子，实际上做坏事，这是引申义。对于这句话，我们稍作探究不难发现，在古代，同样作为商品，羊肉的价格要比狗肉贵得多，不然的话也不会有这句充满贬义的谚语流传至今。

通过这一示范，我鼓励学生大胆质疑，勇于创新。学生的思维火花被点燃，经过一番思考和讨论，他们列举了许多俗语、谚语，并进行了合理的论证。比如，他们从"头发长见识短""女子无才便是德""嫁出去的女儿泼出去的水"得出结论：在古代女子没有地位——男尊女卑。学生在我不时的肯定、赞许下，得到一种成功的喜悦，找到一种久违的自信，语文学习兴趣变得更浓，热情空前高涨。

作为语文老师的首次亮相，我以别开生面的教学思路，打破了语文教学中"双厌"（教师厌教，学生厌学）的僵局，把良好的开端与文化的点拨很好地结合起来，充分体现语文学科的人文特征和人本思想。通过老师的有趣引导、学生自己的积极参与和师生的密切配合，最终学生会明白：生活处处皆语文，留心处处皆学问。就这样，学生的学习兴趣转化为学习动机。多年的教学实践告诉我，第一堂课的成功会为以后教学的开展提供极为重要的便利。

当然，第一堂课成功了，并不意味着以后的教学就可以敷衍了事、坐享其成、虎头蛇尾。我们要让语文课成为学生心中永远的期待，成为一道亮丽的风景线，就要把第一堂课的成功继续下去，就要在以后的教学中不断注入新鲜血液，始终使学生处于积极思考、求知若渴的状态，始终牵引学生的注意力，使每一节课都有新突破。只有这样，我们才可以在学生主动学习的基础上培养学生的能力，达到教育目标。

让系列演讲绽放精彩

在招生时，我登记着一个个前来报到的学生的中考总分。因为要逐门学科填报，所以需要学生手持分数条，依次跟老师报每门课的分数。"88、99、100、102……"学生声音平缓地报着语文成绩，声音越来越小地报着数学、英语、物理、化学的成绩，且不时紧张地抬头观察招生老师的反应。很明显，他们的自信心在不擅长的科目面前被击垮了。开学后，当我问及学生的梦想时，学生说："我们是中考的失败者，哪里能有什么梦想？"是的，作为中考的"失败者"，他们需要被唤醒和激励。如何重塑学生的自尊与自信，使其走向自强呢？

自从学校创办职教高考班以来，我多年任教职教高考班。在职教高考班每天那么繁重的课业压力之下，学生凭什么就要在语文上多下功夫呢？要给他们一个愿意付出的理由。许多职教高考班的学生从初中开始就是弱势群体，缺乏自信，没有引以为傲的优势、资本。到了职教高考班，又由于类别是单招，学生对学校的文体活动参与很少，没有展示自己的机会。因此，我要从语文学科领域帮助他们，让语文课堂变成学生展示自我的舞台，让学生从中找到自信。

语文是所有科目中相对容易的一门学科，生活处处皆语文。这些中职生也许不擅长写作文，但其口语表达能力是可以多角度进行训练的。

为此，我结合生活化语文的教学特色，设计了中专三年系列化的课前三分钟演讲训练，开启重塑学生自信的闸门。

第一轮是记叙文的训练，演讲话题是学生容易叙述的"我记忆最深刻的一件事"。每节课一名学生演讲，其余学生评论，老师再总结点评。一开始，学生演讲的质量不高，经过同学们的评议，以及教师在构思立意和思想情感上的引导，加上对优秀学生演讲的聆听，学生逐步明白了演讲的方法技巧。不少学生讲到了自己的亲人、朋友，流露了真情实感，当场流下了眼泪，台下的同学们也纷纷自发鼓掌。第一轮演讲让学生有了情感抒发的窗口和初尝成功的喜悦，有了小小的自信。

第二轮我设计了"实话实说"栏目，是对学生明辨是非能力的锻炼。只有明辨是非，才能确立正确的价值观和人生观。为了讲好这个话题，学生在周末搜寻了大量的素材，再去粗取精，形成自己的结论。第二轮演讲，学生在台上或激情洋溢，或慷慨激昂，他们在调查研究之后成了某一个方面的"专家"，自信心增强了。

第三轮，为了锻炼学生的创意表达，我设计了"今天我主持"这个栏目。大家各显神通，有的学生设计了"开心厨房"节目，自备道具，用报纸折成厨师帽，煞有其事地介绍菜肴的制作；有的学生利用手机的闪光灯模拟真人相亲节目《非诚勿扰》的现场，主持了别开生面的现场版《非诚勿扰》；还有学生将众多生活片段、歌词串联，主持了"趣味杂谈"节目……演讲现场仪式感强，精彩纷呈，学生的创意让人大开眼界。

我适时地告诉学生："人的智能是多元的，每个人的发展都具有无限可能性。只要我们努力，没有什么是不可以实现的。路就在自己脚下！"

在前三轮演讲顺利举办后，第四轮演讲我设计的话题是"我要成为一个_____的人"，这不仅仅是对议论文的训练，更是对学生价值观人生观的引导。学生的自命题有：我要做一个有责任心的人，我要做一个对社会有贡献的人，我要做一个坚持不放弃的人，我要做一个给他人带来温暖的人，我要做一个有梦想的人……学生选择话题筹备演讲的过程，是他们对正确导向的价值观的梳理，听演讲的学生也会被感染和影响。大家一起慢慢走出了刚来学校时的自卑，变得有梦想、有追求、有自信，思想境界得到提升。

中专三年，演讲在每节课上继续着，每轮的演讲都渗透着训练语文能力和提高思想素质的意图。最后一轮是最高难度的现场抽签即兴演讲，学生接受了挑战。在讲台上从容地完成演讲后，他们的脸上闪烁着自强者的光芒。

为了做好每次的演讲，学生从构思、行文、背稿，到在宿舍同学或家长面前预演，他们学会了为了梦想全力以赴；有学生在从昆山到苏州的火车上，通过面向全车厢乘客演讲来锻炼自己的胆量，他们学会了为了梦想无所畏惧；有学生在演讲中用手机现场录制自己对母亲的心里话，他们学会了与亲人进行沟通和表达爱意的方式方法。在演讲中，他们审视了自己的情感世界，学会了感恩，懂得了责任，提升了素养。

学生兴趣盎然，热情高涨，获得了前所未有的成就感。在这样的过程中，学生的思维是开放的，想象是新奇的，表述是真挚的。由于在台上的表现获得了大家的认可，学生越来越喜欢上语文课。同时，有计划的演讲系列活动还可以从工具性、人文性两方面培养学生的语言能力。无形中，学生在说明、描写、叙述、议论、抒情这几种表达方式方面的能力都得到了锻炼，学生的命题作文、话题作文的立意、构思能力都得到了提升。演讲稿都是学生费尽心思写好的，已深深刻于学生的大脑中，考试中碰到合适的话题，素材便信手拈来。同时，学生在听演讲的过程中，也能够汲取不少素材，这对平时只看课本、"两耳不闻窗外事"的学生来说是一个很好的"充电"机会。真是"一人演讲，全班共享"。演讲组织得当，一举多得。

搞好课前演讲活动，对提升学生信心、锻炼学生心理素质也很有帮助。经过一次次的台上的公开讲话，学生从低头眼神闪烁到抬头直面同学，从带稿上台到脱稿演讲，从僵硬地背稿到有创意地表达，一步步走向自信从容，也越来越喜欢通过课前三分钟演讲来展示自我。看着学生在讲台上那逐渐光亮的眼睛和日益开朗的笑容，我知道他们已经走出了初来校园时的自卑，他们充满了自信，他们曾黯淡的人生从那一刻起绽放光芒！

"亲其师"方能"信其道"，学生在上课的前几分钟就激发了热情，师生关系和谐，为教学的正常开展提供了便利，这种热情也会一直延续下去。演讲组织得法，起到了四两拨千斤的作用。

第一堂课仅是一个良好的开端，当语文成为学生的生活需要时，我们的教学才算是真正成功了！

让每日分享直抵人心

如何让学生爱上语文？除了课前三分钟的演讲训练外，要将学生的语文学习热情点燃，并将其思想境界引入高处，教师的引领示范非常重要。为此，我会在每日早读分享一个来源于生活的经典段落。

例一：清明到了，学生扫墓归来，对亲人的离去还久久不能释怀。我分享了《三联生活周刊》中的这样一段文字：

人与人的羁绊，或许还存在生死之外，有些陪伴不必到老。就像余华形容的那样，"一个人的死亡不是失去生命，而是跳出了时间"。最终，他们会变成宇宙里最原始的组成部分，以天上的云、地下的土、身旁的一朵花、一棵树的形式继续陪你。

比起"不要走"，至少，我们会更有勇气地说出"放心去"。……让告别的气息不再冰冷，与未了的心结完成一次和解。愿我们在这个充满疼痛的节气里，感受到窗外一丝丝的风，和体内心脏的脉动——那里有他们依然存在的痕迹。

这段分享引导学生正确对待死亡和生命中的别离，珍爱生命，打开心结。

例二：母亲节到了，为了让学生体会母爱的细腻和伟大，让学生常怀感恩之心，我分享了网红主播董宇辉的一个小视频，其中的文句是这样的：

妈妈其实很擅长伪装。记忆中的她呢，会披着星光，在深夜的路口等晚归的我回家；会在我尖叫的时候，用扫帚拍打虫子还面不改色。春夏秋冬，清晨的餐桌上，一定有早餐冒着腾腾的热气，一年到头就那么几件衣服的她，却从来不会忘记给我添新衣。直到有一天，我在相册里看到了从没见过的妈妈，她有另外一种样子，阳光下俏皮可爱，那是我出生以前的她，于是我识破了妈妈的伪装。原来在没有灯的路口，她也会害怕；原来在消灭虫子的时候，她也会悄悄地起鸡皮疙瘩；原来在赖床的时候，她也会有同样的挣扎。看到漂亮裙子的时候她也会停下步伐，在收到礼物碎碎念着说又浪费钱的时候，不自觉上扬的嘴角也出卖了她，原来妈妈也是一个小女孩啊！

把爱藏进细节里，一个始料未及的拥抱，一束香气四溢的鲜花，一顿精心准备的饭菜，一句腼腆害羞的我爱你，都会让你看到那个露出马脚，那个可爱的女孩儿。母亲节，用你的方式去爱她。预祝各位妈妈母亲节快乐！

这段话是对妈妈最朴实最真切的解读。董宇辉温暖的文句让人如沐春风、遐想联翩，也激励学生试着用恰当、丰富、形象的语言表达自己丰盈的内心。

例三：五四青年节到了，我分享了著名主持人撒贝宁的一段话：

青春是"草长莺飞二月天，拂堤杨柳醉春烟"的年华美好；青春带着"倚门回首，却把青梅嗅"的甜蜜；青春也会走过"雾失楼台，月迷津渡"的困惑。但"少年负壮气，奋烈自有时"，青春总会激荡出"一身能擘两雕弧，虏骑千重只似无"的力量，张扬着"大鹏一日同风起，扶摇直上九万里"的义气，"愿君学长松，慎勿作桃李"。新时代，新舞台，让我们"共矜然诺心，各负纵横志"。

自古英雄出少年。少年时，"唤起一天明月，照我满怀冰雪"；少年时，"算平生肝胆，因人常热"；少年时，"丈夫只手把吴钩，意气高于百尺楼"。虽然"韶华不为少年留"，但无论我们行走多远，归来仍是少年。

在通往幸福的道路上，我们都是追梦人。"东方欲晓，莫道君行早。踏遍青山人未老，风景这边独好。"只要人生充满诗意，你便永远是少年！

这段话斐然成章又激励人心，让学生珍惜青春年华，志存高远。

例四：距离高考越来越近了，学生迷茫而焦虑，我适时分享了著名主持人董卿的一段话：

人在这个世界上，无论选择哪一条道路，它都是荆棘和鲜花同在，有晴空也有冷雨。

人生如一幅画卷，无论我们选择哪一条道路，都难免会经历荆棘与鲜花交织的旅程。在这广袤的世界里，我们感受到阳光明媚的温暖，也经历寒雨凄凉的寂寞。生命的奇妙之处在于，正是有了这种交织，我们才能品味到生命的真谛与美妙。

人生的旅途犹如漫长的行走，而每一步都会带来新的体验。选择了一条道路并不意味着我们会一直留在其中，它只是我们人生旅程中的一段重要经历。这些选择，有些来自内心的渴望，有些受到外界环境的影响，有些是命运的捉弄。而无论站在何种岔路口，我们都会遇到荆棘与鲜花。荆棘，是生活中不可避免的挑战与困难。有时，我们会面对失败、失望和挫折，这些荆棘似乎阻挡着我们前进的脚步。但荆棘也是一种磨炼与成长的机会。它教会我们坚韧与勇气，让我们变得更加坚强。在克服了一个个难关后，我们感受到的不仅仅是成功的喜悦，更是内心的成长与升华。鲜花也是生命中美好的一部分。每一朵鲜花都是生命的礼物，是幸福与喜悦的象征。它们可能是友谊的绽放，是爱情的芬芳，是成就的喜悦。当我们走过困难、拥抱幸福时，那种感觉就像是清晨的第一缕阳光，温暖而怡人。鲜花的美丽与馨香让我们感受到生活的美好，让我们对未来充满期待与希望。

有时，我们会面对起伏不定的天气，有晴空也有冷雨。这也正是生活的多样性和丰富性。在阳光明媚的日子里，我们享受着温暖与舒适，心情愉悦；而在寒雨凄凉的时刻，我们学会坚持与勇敢，品味着人生的深沉与内涵。生活的多样性让我们学会感恩，学会欣赏每一个瞬间，无论是欢笑还是泪水，都值得我们珍藏。

正是有了荆棘和鲜花的交织，我们的人生才变得如此多彩。它们共同构成了人生的画卷，让这个世界充满了不可预知的美妙。不管我们选择哪一条道路，都要学会坦然面对人生的起伏，勇敢面对挑战，怀揣希望与梦想前行。

让我们怀着感恩的心，欣赏每一朵鲜花，也接受每一根荆棘。在生命的征程中，不论风雨与晴天，我们都要学会珍惜和感悟。因为唯有这样，我们才能在这广阔世界中，找到属于自己的美好与幸福。让我们勇敢前行，去发现更多未知的可能，去品味生命的点滴珍贵。荆棘与鲜花同在，让我们相信，人生的画卷定会因为这样的交织而变得更加绚丽多彩。

这段话比喻精妙、形象而启人深思，让学生明白，无论怎样的境遇，都要学会珍惜和感悟。

无论形式还是精神，文学都有独特的魅力。在课前教师的系列分享中，我选择了既有人文情怀又有感染力和文采的语句，让学生看到文学的力量，领悟这些文句的深刻内涵。在渐入佳境后，我从学生的摘录中找寻类似的文句，在班级里进行分享，这对学生周末有质量地完成摘抄也有激励作用。

文学是灯，照亮人心！教师把美传递给学生，并带领学生寻找生活中的真、善、美。

模块二　语文综合实践活动：开拓视野之窗

中职语文的教学目标是提升学生人文素养，助力学生专业发展，进而促进其终身发展。然而根据学情调查，中职生对语文学习认可度不高，主要原因是学生在语文学习中缺少自我效能感，教师的教法缺乏针对职校学生特点和职业发展的设计。

针对这一问题，我以教材体系中的语文综合实践活动为突破口，来构建充满趣味性和提升学生自我效能感的教学方式，依托我所主持的江苏省教学改革研究课题"中职语文综合实践活动的趣味性教学研究"，进行了近十年的持续性研究。

一、研究背景

"语文综合实践活动"一词在 2001 年全国"新课改"的背景下提出，其核心思想是重视培养学生的语文实践能力，反对刻意追求语文知识和系统的完整性，提倡让学生在直接接触语文材料的过程中培养实践能力，在实践中掌握运用语文的规律，提升语文运用能力。

2009 年，教育部颁布了《中等职业学校语文教学大纲》，明确语文综合实践活动和阅读与欣赏、表达与交流具有同等重要的地位，并做了如下说明：

根据校园生活、社会生活和职业生活确定活动内容，设计活动项目，创设活动情境。通过搜集资料、小组合作、交流展示、总结评价等步骤，围绕活动主题开展语文综合实践活动，运用有关的语文知识和技能，提高语文应用能力，培养职业理想和职业情感。

从相关职业的实际需要出发，选取活动内容，设计活动项目，模拟职业情境，组织语文综合实践活动。在活动中提高语文应用能力，增强合作意识和团队精神。

针对社会生活和相关行业中的重要问题，发现和确定活动内容，设计活动项目，开展综合程度较高的语文综合实践活动，培养语文综合运用能力。

这些对语文综合实践活动的阐述不仅提出了语文综合实践活动实施的步骤和目标，而且意味着作为课程任务之一的"语文综合实践活动"与"阅读与欣赏""交流与表达"并列为三大课程教学内容，正式列入课时计划。

2013年颁布的《江苏省普通高校对口单独招生语文考试大纲》中对语文综合实践活动做如下要求：① 了解课本所设计的"语文综合实践活动"的内容、形式等；② 根据校园生活、社会生活、职业生活确定活动主题，制订活动计划，收集和运用材料，分析问题，形成活动成果。

文件中的这些说明都强调学生语文应用能力的培养和职业能力的发展，以此为背景，我们对中职语文综合实践活动进行相关研究。

江苏省中等职业学校的5册语文教材中共列出了27个综合实践活动，并且包含活动目的、活动指导、活动评价、活动资源等实施建议，可见语文综合实践活动作为教材中的一项重要内容，应该在教师的引领下发挥重要的作用。

在我们实际的课堂中，"阅读与欣赏"模块因为与传统语文课程密切相关，所以为大多数语文教师所重视，"语文综合实践活动"和"交流与表达"的受关注度则远不及此。有些语文综合实践活动课变成了学生的自娱自乐，变成了主题班会的翻版。从教师自身出发，造成这种现象的原因有二：其一，在此之前的教学经验中没有接触过综合实践活动，没有蓝本可以参照；其二，"阅读与欣赏"部分的知识解析、教学导向在教参中有较为详细的说明，但是教参对"语文综合实践活动"这部分只有方向性建议，教师在具体实施过程中可借鉴、参考的资料少之又少，且这类资料往往内容空泛简单，缺少指导性。课堂设计灵活度大，课堂生成空间大，难考察、难操作、难评价，不少教师对于"语文综合实践活动"与"交流与表达"这两个板块"用什么资料来上课""怎么推进课堂""怎么评价学生"充满了疑惑。

在实际教学中，中职语文实践活动本身较为复杂。对于学生来说，他们厌学的概率偏大，老套的语文教学方式和教学内容无法开启他们求学的心门，他们渴望有一种新的方式方法来改变呆板的、枯燥无味的语文课；对于教师来说，一成不变的教学方式无法激发学生的求知欲，无法令教师找到应有的价值感，所以他们更希望中职语文综合实践活动能成为提高学生参与兴趣、调动学生参与积极性的一剂良方，他们急需中职语文综合实践活动的研究指导他们的实践。

二、实施现状

目前，中职语文综合实践活动的实施呈现不容乐观的局面，其原因主要体现在以下几个方面。

1. 学习材料缺位导致教学效果不佳

"'搜集资料'成为语文综合实践活动的首要步骤"，教师"'策划学习资源''策划学习程序'是判断有无教学设计的两大重要标志"。① 而现实中，不少教师不提供学习材料和学习资源，一切由学生自己想办法。学生处于"自弹自唱"、自娱自乐的状态，教学组织无序，语文综合实践活动更像一次"联欢晚会"。而且，没有学习材料就没有真正的反馈，活动容易偏离教师原本设计的教学目标，这种教学以浅显的、虚假的方式抵制了教学的有效性，致使教学效果不佳。

2. 语文元素缺位导致教学目标偏离

观察现有课例，可发现师生主要呈现如下状态。学生很忙碌，活动总体趋向空间上的大尺度位移，学生需要走出校园寻找社会资源、上网搜集信息、拍摄照片制作PPT等，耗费了很多时间，但忙的不是语文实践的内容；教师很盲目，轰轰烈烈地策划搞活动，忽略了培养学生学习语言和运用语言的能力，活动结束后，不明白究竟训练了哪些可以描述的语文知识或能力。"教师找不到语文活动的能力支撑体系，学科身份感弱。"② 活动中

---

① 杨晓燕．"学习材料"是中职语文综合实践活动成效的关键［J］．江苏教育，2012（30）：56-57．

② 杨晓燕．搭出语文综合实践活动的内框架：语文能力训练体系［J］．江苏教育，2011（27）：54-56．

语文元素的缺位使活动偏离原本要达到的语文能力训练的目标。

3. 课程意识缺位导致教学体系不完善

语文综合实践活动是每一个学生必须掌握的、独具中职语文教学特色的、能拓展学生综合能力的课程内容。教材对"综合实践活动"这一部分的编写遵循着"由知识到能力，由能力到运用"的原则，在知识与能力方面是有序的、系统的。但是，从综合实践活动的实施来看，许多中职语文教师没有把它当作一门课程并加以重视。由于语文综合实践活动本身较复杂，且教师在实践活动中可借鉴、参考的资料少之又少，加上课程耗时长，消耗精力多，不少教师对这一活动存在"不上、假上、虚上""想上就上，怕上就不上"的心理，使得综合实践活动并没有发挥其应有的效用，教学系统性不强。

4. 教师主导地位缺失导致教学调控不足

语文综合实践活动是以学生为主体的一种课堂活动，但并不是学生有事可做后教师就可以放手不管了。目前的语文综合实践活动中，常常是学生分组上台逐个汇报，学生讲得头头是道，你方唱罢我登场，教师站在一边看学生表演。结果发现，由于教师缺乏对全体学生积极性的调动，忙碌的始终是那几个学生，多数学生没有投入活动之中，成为滥竽充数的"南郭先生"或漠然的看客；而且学生所谈到的内容有的与活动主题无关，却因为教师没有适时的掌控，导致活动表面热闹而缺乏深入的探究。教师主导地位的缺失导致教学调控不足，综合实践活动未能发挥其重要的作用。

三、研究的意义

1. 有利于增强语文教学的活力

中职语文综合实践活动以校园生活、社会生活、职业生活为载体，以活动为形式整合知识与方法、工具性与人文性。教师应强化自身在实践活动中的各项能力，尽量避免实践活动单一枯燥等现象，注重引导学生学习，努力改进学生学习的方法，转变学生学习的态度，注重培养学生学习的兴趣，着重培养学生在语文综合实践活动中的积极性。这样的实施能突破平日里简单枯燥的训练，引领学生进入新的学习空间、融入新的学习氛围、掌握新的学习方法，语文课堂将改变以往的僵化状态，重新焕发生机。

2. 有利于全面提升学生的语文素养

语文综合实践活动体现学生在教育和自我发展中的主体性，重视学生的个体生活和社会生活需要，但本质上姓"语"。在生活中，语文学习的资源和实践机会无所不在、无时不有。学生能在大量的语文综合实践活动中掌握知识和规律，联系生活实际自主地进行语文学习。研究性的学习方式能激发学生的学习兴趣、积极性、创造力，使语文综合实践活动流光溢彩，学生听、说、读、写的语文能力也能在语文综合实践活动中得到锻炼与提升。

3. 有利于系统性地实施语文综合实践活动

长期以来，中职语文活动课程的内容简单笼统，缺乏指导性，实施起来困难重重。通过将教材中所有的语文综合实践活动进行系统化研究，能解决学习材料不足、学习策略单一、教学设计缺乏、活动评价不足等问题，给教师们提供操作的方法和策略，从而为其今后系统性地实施语文综合实践活动提供蓝本，使教材中的语文综合实践活动在语文教学中真正实施起来、生动起来。

四、创新评价方式

我设计了"'语文综合实践活动'学生评价表"（见下表），此评价表分自评、小组评和教师评三种，采用等第制评价方式。参与的态度、学习方法的掌握、实践能力的发展和获得的体验等方面侧重共性的评价，而"我想说的话"采用学生书写心得的形式，侧重个性评价。在学生完成评价表的基础上，教师再进行总体评价。此表创新了评价方式，学生提出问题、搜集资料，小组合作、完成任务，既施展了特长，增强了自身的责任感，也学会了尊重他人，进而反思自己。在语文综合实践活动的过程中，该评价方式起到了多元提升学生素养的作用。

"语文综合实践活动"学生评价表

评价项目	评价要点	自评	组评	评价项目	评价要点	自评	组评
参与的态度	1. 努力完成自己承担的任务			获得的体验	1. 善于提问，乐于研究，勤于动手		
	2. 做好资料积累和收集的工作				2. 有一定的责任心		
	3. 主动提出自己的设想				3. 能对自己进行反思		
	4. 乐于合作，能和同学交流				4. 实事求是，尊重他人想法与成果		
学习方法的掌握	1. 能用多种途径获取信息			我想说的话			
	2. 能运用已有的知识解决问题						
实践能力的发展	1. 有求知欲、好奇心和探索的欲望						
	2. 独立思考、自主学习，主动发现问题、提出问题、寻求解决问题的方法						
	3. 积极实践，发挥个性特长，施展才华			教师评价			

（评价标准：A—优秀；B—良好；C—合格；D—不合格）

　　语文综合实践活动是对传统教学的有力补充。传统"阅读欣赏"部分无法跨越、未能让学生更深层次把握的内容，可以在语文综合实践活动中通过学生的深度体验达成。它必将是一个引人入胜的课堂！语文综合实践活动课不是为了实践而实践，也不是为了语文而语文。在这一过程中，学生的语言组织能力和口语表达能力得到了锻炼与加强，学生的学习主动性和积极性也有了相当程度的提高。正是语文综合实践活动课的这种潜移默化的作用，给了学生不一样的学习感受。语文综合实践活动改变了中职教学方式，改变了中职语文的课堂面貌，同时也悄然改变着中职生的学习方式和人生发展的轨迹。中职语文教师只有深入语文教学研究、深入生活，才能保证教学的有效性，才能真正促进学生的全面发展。

教学案例：语文综合实践活动——我的亲人们

案例背景

"我的亲人们"语文综合实践活动是江苏省中职语文教材第二册第一单元"生活的滋味"中的内容。此单元的前两篇课文是《我的母亲》和《多年父子成兄弟》。我凭借此语文综合实践活动获得江苏省2014年"两课"评比"示范课"奖，并多次在苏州市进行示范、讲授。

案例描述

【活动目标】

1. 通过访谈、创作、搜集资料、制作PPT等方式，训练学生相应的交流与表达能力，以及搜集与处理信息的能力。

2. 阅读与活动主题有关的文学作品，使学生获得情感滋养，提高阅读与鉴赏水平。

3. 通过活动，增进学生对亲人的了解、理解，感悟亲情，收获人文关怀。

【活动内容及过程】

第一课时课前准备：

1. 师生交流讨论活动方案，教师确定活动方案，分阶段制订学生的活动任务。

2. 学生完成相对简单的两个活动任务：

任务一：以单元主题阅读——每篇课文后老师推荐的作品及综合实践活动后的三篇文章作为阅读资源进行批注阅读，还可通过网络或图书馆查阅与亲情主题有关的作品进行拓展阅读，并选择其中一篇写推荐语。

任务二：对前两篇课文学习后布置的作业——亲情细节描写进行修改。

第一课时

1. 导入环节：以央视《过年回家》广告创设教学情境，导入活动主题。

2. 激趣环节：明确活动方式为分层展示和荣誉评选。将个人展示和组内展示、全班展示相结合，每节课都根据学生展示交流的情况，开展"最令人感动的家人"评选活动。

3. 活动环节：

活动一：读亲情作品

此环节采用全员参与、教师任选相结合的方式，学生读推荐语，其余同学评价。教师在推荐理由上侧重点评对亲情的感悟和文学的表达两方面，以点评来提升学生的关注度；表扬有任务外拓展阅读的学生，从而鼓励学生课外阅读。

活动二：品亲情细节

此环节先分组交流，再推选出组内最优秀的两名学生作为代表，经全组成员共同讨论修改交流意见后，参与全班的展示交流。要求全班同学都要仔细聆听。在交流结束之后，进行"最令人感动的家人"评选活动。

4. 总结引导环节：

教师通过"最令人感动的家人"评选引导学生思考作品的"不够感人"源于对亲人的了解和理解的不足，从而启发学生注重对亲人的观察、与亲人的沟通，然后顺理成章布置余下任务：

任务三：采访亲人，完成采访记录表，并写一篇采访日记。

任务四：搜集亲人的老照片，制作电子相册，并配写相应的文字说明。

任务五：找一首大部分学生都喜欢的歌曲，进行歌词的创作或改编，以表达对亲人的赞美。

第二课时课前准备：

学生利用周末完成较有难度的任务三、任务四、任务五。

学生回校后，在计算机网络环境下，充分发挥"小先生"的作用，分组合作，完善任务。如：配以音乐，制作电子相册，完善文字稿，组内交流采访日记，共同修改歌词，等等。教师巡视各组，进行指导。

<h2 style="text-align:center">第二课时</h2>

1. 活动环节：

活动三：说采访情况

在课前组内交流的基础上，每组推荐一名学生上台展示，学生投影展示自己的采访记录表，并描述采访实况，朗读采访日记。教师适时采访讲述的学生。

活动四：讲亲人照片

每组在课前已进行组内交流的基础上，推荐两名同学上台演示，结合PPT讲解。

以上两个项目结束后，全班进行新一轮投票，选出本节课"最令人感动的家人"。

活动五：辨亲情现象

教师提出问题：结合本单元《我的母亲》中胡母严慈相济的母爱和《多年父子成兄弟》中汪父民主开明的父爱，联系生活，讲一讲你如何看待亲情。

学生围绕问题讨论发言。

活动六：改亲情歌词

教师引导学生小组合作，进行已创作歌词的再修改，可以推敲词句，改动个别字词，更好地表情达意。小组合作修改、推敲，然后分组展示成果。

2. 总结环节：

学生先畅谈收获，教师再引导到语文能力培养的本质上来，启发学生从生活中学习语文。

【活动评价】

本课评价表采用学生自评、组内自评和教师评价相结合的方式，从活动态度、活动方法、活动能力、活动体验等方面做共性评价，其中设置"我想说的话"一栏，侧重个性评价。

在评价表中"我想说的话"一栏，学生对此次语文综合实践活动课评价很高，以下摘录部分学生的原话。

生1：这次上语文综合实践活动课，我充满了期待。我的期待没有落空，课上得很完美。同学们展示了他们的才能，老师说以后还会上这种类型的课，但我永远不会忘了这一次！

生2：在这次活动中，我认识到与同学之间的合作与交流是多么快乐与重要，我变得更善于提出自己的观点、乐于研究，我看懂了、读懂了父母给予我们的关爱，也学会了要感恩父母。

生3：这次活动让我真正融入了语文学习，不仅学到了合作，而且从他人身上听取到了许多宝贵的意见。整堂课从多方面促使我们进行深入学习，充满趣味。

生4：这次活动对促使我们更有兴趣地学习语文起到了关键性的作用。对语文听、说、读、写能力的综合训练，不仅提升了我们的语文能力，而且增强了我们的团结精神。这次活动给不愿与人交往的同学提供了一个交友平台，给敢于发言的同学提供了一个展示自我的机会。虽然任务艰难，但能提升自我，让我们大放光彩。

【活动成果】

1. 课后自主阅读亲情类作品，将推荐文章发送至班级 QQ 群共享，精选素材，如照片、格言、感人事迹、推荐文章、推荐语、感人细节、原创歌词等，制作班级《感悟亲情》手抄报。

2. 根据采访亲人了解到的情况，在"亲人关爱"的细节描写基础上，加入真情实感，写一篇不少于 600 字的记叙文。题为《我的_____》。

 案例反思

我们发现要有趣味性、高质量地上好语文综合实践活动课，需注意以下教学策略。

一、整合教材，注重单元系统性

语文综合实践活动是以教材为依托的延伸拓展活动，是整个单元的总结，可围绕一条主线来展开单元整体设计。

比如用主题阅读作为主线，在前两篇课文的学习中在人文性方面进行充分的铺垫和蓄势，最后在语文综合实践活动中进行情感的升华，并贯穿

听、说、读、写语文综合能力的训练，达到"文道并重"的目的。

注重从现有教材中挖掘资源，进而拓展资源，不仅为综合实践活动提供了学习材料，使学生不会"难为无米之炊"，而且使综合实践活动建立在前面所学知识的基础上，加强教材的系统性。如果我们抛开某一单元所学的课文，单一地进行该单元的语文综合实践活动，就忽视了语文综合实践活动作为单元收束的作用和以教材为依托的特点，忽视了"从知识到能力，从能力到应用"的规律。

二、突出主导，注重策略针对性

充分发挥教师的主导作用，才能更大限度上体现语文综合实践活动的价值。

综合实践活动是学生研究、体验、成长的过程。要让学生研究更深入、体验更深刻，教师的主导作用相当重要。教师是活动的指导者、组织者和管理者。

（一）精心策划教学程序

策划教学程序，要鲜明突出主线，层层深入。

（二）精心实施教学策略

如果没有科学的教学策略，教学组织就是无序的。

1. 引入竞赛机制，激发学生兴趣

特级教师魏书生说："即使对毫无直接兴趣的智力活动，学生因渴望竞赛取胜而产生的间接兴趣，也会使他们忘记本身的乏味而兴致勃勃地投入竞赛中去。"[①] 语文综合实践活动往往分两个课时进行，可以分别在两课时设计不一样又连贯的竞争。第一课时学生在竞赛中的失败，会激起他们获得第二课时竞赛成功的斗志。教师及时的循循善诱，引导学生反思自身的不足，达到了"不愤不悱，不启不发""学然后知不足"的效果，学生接受学习任务由被动变为主动，从"要我学"变成了"我要学"。竞赛机制的引入使第二课时成为第一课时的层次性提升，使学生任务变成学生的自我需

---

① 魏书生. 班主任工作漫谈 [M]. 桂林：漓江出版社，1993：448.

要，使学生对活动产生浓郁的兴趣。

2. 发挥"小先生"作用，提升学生能力

在活动中，学生的任务完成情况会因个人能力不同而参差不齐。在周末学生独立完成任务的情况下，教师可以提供网络环境，让学生以小组合作的形式进行组内交流，完善任务。这是发挥陶行知先生"生活教育"理念中"小先生制"的实践价值。学生取长补短，相互帮助，教师营造一个交流沟通、互帮互学的平台，使学生全员参与，让学生懂得向身边人学习、悦纳他人，培养他们的人际交往能力、合作精神和协作能力。实践证明，小组合作学习，学生共同商议主题，明确分工，收集资料，借助现代信息技术，为语文综合实践活动插上了翅膀，让学生在实践中体会到成功的喜悦，同时培养了学生的能力，达成了能力培养的目标。

3. 精心达成教学目标

要达成教学目标，就要注意预设和生成的融合。在综合实践活动中，首先，要注重课前准备中教师的调控，指导学生明确展示的内容，拒绝华而不实的"完美"展示，力求原汁原味地体现学生在活动中获得的发自内心的感悟。其次，要重视课上展示过程中教师的启发、引导、点评，以及最终活动目的的提炼。最后是评价，要采用多样的评价方式，培养学生对事物的判断评价能力。综合实践活动课既有展示，又有交流，更有思辨与评价，使学生的思维得以自由地碰撞。

比如课例中学生"品亲情细节"这一部分，学生交流修改描写亲情细节的片段后，教师先提出三个问题："为什么这样修改？""这样修改好在哪里？""怎样修改更好？"再从语言的生动细致和情感的渗透等方面进行点评。这就生成了关于写作指导的新的内容，达到了培养学生写作能力的目标。

三、彰显语文，突出活动语文性

"语文综合实践活动"有别于其他学科的综合实践活动，首先是姓"语"。无论采用怎样丰富多彩的活动形式，都一定要明确这是一堂语文课，以学习语文为主，以学习语文为出发点，开展活动和教学，突出语文的特征、语文的色彩，上出纯正的"语文味"来，才能凸显语文作为各个学科的基础的地位，培养学生的语文素养和能力。

　　《中等职业学校语文教学大纲》执笔人于黔勋老师指出，中等职业学校的语文教学既要予学生以"鱼"，即传授一定的语文知识，又要授学生以"渔"，即训练学生语文学习的方法和技巧，更需要为学生提供"渔场"，即为学生提供运用知识、方法、技巧以形成能力和素养的实践条件。"渔场"就是学生进行语文学习的特有的情境，语文综合实践活动就是要为学生创设一个又一个优化的情境，让学生在实践中提升语文综合应用能力。①

　　中职语文综合实践活动除了要整合教材、突出主导、彰显语文之外，还要凸显出生活化和职业性，凸显职教特色。

---

　　① 何忠．中等职业学校语文综合实践活动的内涵［J］．课外语文，2012（10）：12，15。

教学案例：语文综合实践活动——分享我的创业策划

 **案例背景**

在国家鼓励"大众创业，万众创新"的背景下，在地摊经济兴起的今天，我通过"语文综合实践活动——分享我的创业策划"，以别开生面的教学设计、学生深度体验的教学实施激发学生的创业兴趣，点燃学生的创业梦想，提高学生的创业能力。

 **案例描述**

第一课时简述

通过头脑风暴的方式，教师创设一个教学情境——校园饰品店，带领学生围绕此项目进行创业策划要素的充分讨论，明确创业策划书的构成要素。在范文的启发下，学生当堂撰写创业策划书，课后分组自行选定创业项目，做好市场调查，并写好创业策划书、做好 PPT，准备下节课的汇报分享。

第二课时课堂实录

一、前情回顾

师："分享我的创业策划"综合实践活动，是一个集调研、协商、写作、讲解于一体的语文活动，它考验了同学们听、说、读、写四方面的语文能力。撰写创业策划书的过程是对创业思路进行再思考和再调整的过程。上节课，围绕校园内的饰品店，我们在前期调研和现场协商的基础上，在课堂上于 10 分钟内完成了创业策划书的撰写。现在一起来看一下同学们的创业策划吧！

饰品店创业策划书

一、市场分析

饰品属于装饰类商品，女性是主要的消费者，季节、潮流等变化都会使消费者的购买倾向有所改变。"爱美之心，人皆有之。"本店计划面向旅游学校、护理院校等女生占比较大的院校，所以选址在教育园这类学校聚集地附近的商业街。这里人流量大，潜在消费者更多。饰品店竞争较为激烈，我们把店铺定位为中低价位的少女主题饰品店。

二、创业目标

每个季节推出两至三款新品，既满足季节的需要，也要符合消费者的审美。起步时，主要精力放在门店装修及饰品的选择上，在饰品店内增加座位，让客人可以坐着休息；一年内做出口碑，老顾客带新顾客；一年后，如果营业额较理想，可在淘宝、微信朋友圈等经营网上店铺；三年后，扩大店铺面积，并寻找合作方，入驻校园，提供上门和私人订制服务。

三、经营成本

店面大小及租金：70平方米，5万元/年。

设备及原材料：6万元/年。

员工工资：5000元/月。

四、营销策略

1. 打造网红店铺，店铺装修为年轻人偏爱的风格，聘请靓丽女性销售员，推出网红新款；

2. 开展开业满减活动；

3. 会员卡开卡充多少送多少，会员积分兑换礼品；

4. 发放代金券；

5. 开展新品特价活动；

6. 客户购买达一定数额或推荐新顾客再赠送一份饰品。

五、服务宗旨

在质量上下功夫，服务第一，顾客至上，让饰品成为生活永久的调味品，让您的饰品柜满满当当！

师：这篇同学们现场完成的创业策划书体现了创业策划书写作的哪几个要点？

生：标题：创业策划的内容+文种名——"小家电企业创业策划书"。正文：① 行业分析、市场预测；② 创业目标；③ 财务规划；④ 人员组织结构；⑤ 营销策略；等等。

师：看来大家基本掌握了撰写创业策划书的方法。但是，要想说服别人，吸引别人来投资，支持你们的创业计划，还需要一个交互的过程。我们的语文学习除了读、写，还包括对听、说能力的培养。我们的表述显得尤为重要。今天，让我们一起从创业策划做起，共同努力，走向更广阔的世界！

二、模拟创业策划分享会

师：整个创业策划分享会分为"分享""答询""评价"三个环节，本堂课有三个小组分享创业策划。首先，由每个创业团队的主讲人讲述团队分工和创业策划情况。然后，其余同学作为投资团队可以提问，从创业的可行性、可操作性等方面质疑，创业团队的成员一起答询。陈述5分钟，提问答疑2分钟。每位同学手中有一张"创业策划分享活动评估表"，请在聆听分享的过程中认真填写，全部讲解完毕后，根据相应的记录，同学们进行点评。在分享结束后，每位同学将手中的幸运珠投入代表心仪创业团队的杯子中，幸运珠最多的团队为最佳团队。让我们看一看哪个创业团队最终获胜。

第一小组：追星旅行社；第二小组：小茶园；第三小组：日式极乐汤。以下选择其中一组进行分享。

第二小组：小茶园创业策划

各位同学：

我们展示的是旅行社创业策划，我们将从市场分析、企业概况、产品介绍、财务预算、宣传策略、风险预测与防范这6个方面进行汇报。

茶，是中华民族的举国之饮，它发于神农，闻于鲁周公，兴于唐朝，盛于宋代，在漫长的岁月中，中华民族培育、品饮、应用茶，形成并发展茶文化，为人类留下绚丽的一页。我国被称为"茶的祖国"，茶文化是中华优秀传统文化的组成部分，我们作为炎黄子孙，了解茶文化是十分必要的。

一、市场分析

随着经济高速发展及中西方文化的相互渗透，茶作为一种休闲饮品，受到越来越多人的青睐，调饮茶类饮品已成为一种潮流。根据市场调查，以休闲、放松身心为主要目的的"小茶园"在如今的校园内是一种潜在的需求，在校内开办一家具有针对性的茶园已经得到同学们的认可。

二、企业概况

我们的创业愿景是打造大专院校学生创业中知名度最高的品牌。我们的经营范围是校内人流密集地。我们的店铺面积是150平方米。我们的企业名称为"小茶园"。我们的组织形式为合伙企业。

三、产品介绍

我们计划用特色花茶来吸引消费者，如茉莉花茶、洛神花饮等花草茶，以及美容茶饮等。

花茶不仅有沁人心脾的花香，而且对人体健康多有裨益，具有调节肠胃循环、排毒、美容护肤、美体瘦身、排毒除臭的功用。

在场所布置上，突出典雅风格，并提供茶点及座位。

在特色服务上，提供"主题吧"特色主题类活动服务，如英语角、特色主题交流会等。为满足消费者需求，"主题吧"的主题将面向所有消费者征集。承办类活动主要包括生日会、欢送会等。为不影响其他消费者，承办类活动需提前一个星期左右预定，预定成功后将公布于交流黑板。

四、财务预算

本茶园为普通合伙企业，注册资金为15万元，预算如下：

店面租赁费及其他费用：3万元/年；店面装修费：5万元；购置固定资产费：3万元；办理相关手续费：500元；管理及运营费用：2万元；余额为周转资金。

五、宣传策略

1. 线下宣传（海报宣传、传单宣传、小卡片宣传等），网络宣传（在QQ群、微博和微信群等社交媒体上宣传）。

2. 优惠策略：

团购优惠：三件九折、五件八折、七件以上七折；

生日优惠：凭有效证件生日当天可享受九折优惠；

教师优惠：教师可享受九折优惠；

预订优惠：提前预订可享受九五折优惠。

六、风险预测与防范

预测风险：茶叶变质；管理制度不完善；实际投资超出预算；经营场地地理位置选择不合理。

防范措施：选择经营场所必须进行实地考察，请专家评估，选择最佳方案；做好茶叶的防潮、防霉等措施；对每次投资进行经济核算，预算要宽松或上下互补。

师：下面是答辩环节。请投资团队提问，创业团队回答。

提问1：你们的店铺有150平方米这么大，可是为什么年租金只要3万元？

回答：因为我们的"小茶园"建在大学校园内，本身费用不高。而且现在国家鼓励"大众创业，万众创新"，对大学生创业是鼓励支持的，租金相对较低。我们跟大学谈合作，按股分红，这也可以降低租金。

提问2：现在的年轻人都喜欢喝咖啡、奶茶之类，你们经营茶，有市场吗？

回答：我们的经营以茶为主打，可以加入现代元素，开发奶茶的花式品种，另外我们以"主题吧"的活动和典雅的装修风格吸引喜欢浪漫的年轻人。

三、学生评价

学生将幸运珠投给心目中的最佳创业团队，教师颁发奖杯。

四、教师总结

"分享我的创业策划"是一个融市场调研、信息收集整合、协商、写作、汇报和答询为一体的语文综合活动。重点要讲清首创说明、需求满足、竞争优势。语言表达为表，创新思维为里。

五、学生畅谈收获

生1：以前对创业一点儿都不了解，以为只要有资金、有个想法就够了。没有想到创业中有这么多的门道。这节课让我对创业产生了浓厚的兴趣，我以后愿意尝试创业！

生2：听完同学们的分享，我认为创业是一件很有挑战的事情。创业需要考虑选址、价格、工资、风险等问题，是一项系统工程，是一个不断摸索、成长的过程。自信、抗压、抗挫折是创业过程中必备的能力。

生3：我发现创业具有两面性。一方面，它可以激发我们的创造性，即便失败，也会是我们人生中一道独特的风景；另一方面，创业的过程是辛苦的，也很可能使我们对自己失去信心，所以我们在学校里学到的理论知识和操作技术对创业有不言而喻的重要性。

六、拓展

师：写好创业策划书，进行展示汇报，取得投资者的认可，这只是创业的第一步。大家可以看看有关创业的小视频，总结一下创业还需要什么。

生：实干坚持的精神、不怕嘲笑的态度、面对挫折的抗压能力。

师：知名企业家刘强东说："世界上唯一可以不劳而获的就是贫穷，唯一可以无中生有的就是梦想。世界虽然残酷，但只要你愿意走，总会有路。"大家还有一年就要踏入社会，职校几年，我们学到了知识，增强了能力。大家将来除了就业，还可以创业。别以为自己两手空空，其实资本就在大家的脑袋里！乾坤未定，你我皆是黑马！

 案例反思

一、衔接了校园与职场

教师说一千道一万，不如学生真抓实干。在教师的引领下，学生点燃了创业热情，激发了创新思维。学生从以前的"书呆子"，变成了创业小能手。

有质疑就会有思考。在本节课中，投资团队的质疑推动了创业团队的深入思考，创业团队在临场应变中对原先的创业计划做出了更进一步的完善，体现了拥抱变化的运营智慧。

二、衔接了写作与实践

第一课时，教师以一个共有项目带学生撰写创业策划书，培养的是学生应用文写作的能力。第二课时，进行知识迁移，由写作到实践，由纸上谈兵到实业呈现的过渡，需要学生进一步走进社会，全面考察，精准比较。本节课给学生打开了一扇视野之窗，推开了一扇成就之门。

三、体现了传承与创新

学生的三个策划案中闪烁着创新思维的火花。有的加入现代年轻人的价值取向；有的与专业结合紧密；有的将外国文化移入中国，结合国情进行了本土化的改造；有的传承中国文化，并进行创新。

四、改进了评价体系

本节课注重学生的自评和他评。在评价方式上，可通过现代信息技术进行现场投票与结果公布。教师的现场点评很重要，可以着重强调学生创业所具有的文化价值的意义：作为创业者，投资赚钱赢得利益是我们的初衷，但不要忘了我们也要做文化推广大使，要有文化传承的情怀！

五、促进了素养提升

本次语文综合实践活动，构建了职业能力本位的教学目标，设计了以学生为主体的综合实践课题，建立了职业能力本位的评价机制，实施了职业能力本位的模块化教学。活动通过微型化活动任务满足学生自我表现的需要，激励学生积极参与语文；提供具体化活动资源让学生在师生共建的舞台上"唱语言的戏"，深入体验言语表达，更加重视语文；运用多元、动态反思评价促使学生在生活中学语文、用语文，提高人文素养，更加热爱语文。在此基础上，活动实现了学生综合素养的提升，助力学生职业发展。

模块三　口语交际训练：全面发展之钥

口语交际能力对于中职生来说至关重要，它不仅是学生综合素质的重要组成部分，而且是学生适应社会发展、成功就业、实现人生理想的重要基石。中职生一毕业就面临应聘就业，这就要求学生具有较强的口语交际能力，能推销自己。良好的口语交际能力可以帮助学生在未来的工作和生活中更好地与他人沟通和交流，提高工作效率和人际关系的质量。此外，口语交际能力还是衡量中职学生综合素质的一个重要指标，对于学生的职业发展和社会适应能力有着直接的影响。从加强中职语文课的口语交际教学入手，提高中职生的语文技能，提升中职生的整体素质，为中职生顺利就业做准备，为其一生的发展夯实基础和继续学习打好语文的底子是语文教师的责任和使命。

口语交际具有实时性和即兴性，注重效率和速度；具有情境性和语用性，受交际情境、文化背景、交往关系、语言风格等多种因素影响；强调语音、语调和肢体语言的运用，这些非语言可以强化语言的表达效果。

但是学生在进入中职学校前接受的是应试教育，几乎无暇顾及口语表达能力的训练和培养，且中职生的综合基础和素质普遍较差，在不少中职学校目前的语文教学中，教师缺乏对学生进行口语交际训练的意识，往往仅限于在口语交际训练课上训练口语能力，未能注重情境的创设，没有把对口语交际能力的训练贯穿于语文教学的各个环节，因此教学效果不佳。

从我校学生所学主要专业——旅游专业来看，口语交际能力是中职旅游专业学生必备的基本技能之一。培养旅游专业学生的口语交际能力，不仅能提高他们交际表达的语言技巧，助力其形成良好的人际关系，也是当下旅游经济发展所提出的重要要求。

江苏省中等职业学校语文教材的前 5 册必修模块中共提出 27 个口语表

达的教学任务，包括说好普通话、朗读、解说、交谈、演讲、情境对话等。教材在单元教学目标、学生学习方式、教学评价建议等方面同样给出了明确的指导意见，指出中职语文教育应通过"口语交际"模块着力实现"指导学生正确理解与运用祖国的语言文字""帮助学生掌握口语表达的基本技能""为培养高素质劳动者服务"等目标。

由于学科限制，语文教师往往缺乏对旅游专业足够的认识，加上紧凑的教学任务让大部分口语交际的课堂停留在对课本中提供的话题的训练上，这导致学生的"课上练"满足不了"课后用"的需要。在生活和实践中，学生发现课堂上练习的技巧鲜有用武之地，从而很可能丧失学习动力。语文口语交际课堂因为生活实例的匮乏造成了学生"学"与"用"的严重脱节。

口语训练是一个循序渐进、难以一蹴而就的过程，它涉及诸多因素。在常规语文教学中，既要完成普通话训练，也要模拟职业对话训练，教学任务繁重。旅游专业学生的口语表达能力不应局限于基础性的信息传递，更应指向"古雅"的语言传承，因为他们将肩负传承我国古老优秀的文化的责任，他们将会是民族文化最直接的传承者与展现者。

"罗马不是一天建成的"，正如口语交际能力不是一节课就能提高的，它需要日积月累的修行。作为长期负责旅游专业语文教学的教师，在教学中更要清醒地认识到口语交际的重要性，在思想上提高研习口语交际模块的意识，紧贴旅游专业，努力挖掘各种教学资源，给学生创造广阔的展示平台，让学生习惯在轻松自由的氛围中进行口语互动。相信口语交际能力的提升必定让每一个积极参与口语课堂的学生大放异彩！

那么，教师应怎样组织高效的口语交际课堂呢？

我筛选出实际教学中较为典型的教学案例，列举如下。

教学案例：口语交际组合训练

案例描述

【教学目标】

1. 通过搜集、整理景点或文物资料等活动，锻炼学生获取与加工信息的能力。

2. 通过撰写景点游览说明书或产品介绍说明书，训练学生介绍、讲解等口头表达与书面写作的技能。

3. 通过小组合作、团队录制视频等活动，增强小组协作互助的向心力，提升学生服务意识。

【教学环节及过程】

课前准备：

1. 师生共同讨论教学方案，明确教学内容，制订教学任务。

2. 学生以小组为单位，通过抽签的形式来确定"介绍"的类别：第一类是模拟景点导游进行自我介绍与讲解；第二类是模拟博物馆讲解员进行展品介绍与讲解。各小组根据分类做好以下准备：

准备一：各小组根据分类进行资料搜集与整理工作，并优选该组的介绍人员模拟情境，将"介绍"拍摄成 3 分钟左右的视频，上传至班级网络学习平台。

准备二：各组围绕"介绍"对象设计并撰写景点说明书或展品介绍书，上传至班级网络学习平台。

第一课时

1. 导入环节：以 2017 年百事可乐公司拍摄的喜剧短片《17 把乐带回家》中人物"自我介绍"的片段营造教学情境，激发学生学习兴趣。

2. 激趣环节：此环节要将小组展示与小组互评相结合，将个人评价与小组评价相结合。要求各小组展示拍摄视频，其他小组的成员认真观赏和感受，通过交流讨论，评选出"最佳体验奖"与"最佳设计奖"。

3. 活动环节：

活动一：展示介绍视频

各小组通过抽签方式决定展示顺序，其他小组的成员认真观看视频，听取介绍内容并选择最精彩的视频进行个人初步的投票和评价（主要从介绍者的口语表达能力和介绍的逻辑角度等方面）。教师可以通过鼓励的方式来引导学生的评价。

活动二：形成小组评价

在这一环节，小组成员将相互探讨，选出最精彩的视频并写下评价理由。之后，在教师的主导下，学生结合上一活动环节中个人的投票评选出"最佳体验奖"。

4. 总结环节：

教师借获评"最佳体验奖"的视频引导学生归纳总结在介绍和讲解时应注意的要点，启发学生对相关专业素养的思考，提醒学生要注意讲解时的仪态语态。为顺利完成接下来的课时，布置以下任务：

准备三：小组成员共同讨论并在班级网络平台上选择他组任意一篇说明书或介绍书进行阅读（各组之间避免重合），并写下疑问提纲。同时，根据自己的介绍对象梳理答询要点。

第二课时

1. 教学环节：

活动三：小组互相答询

在这一环节中，各小组将依据准备的疑问提纲进行现场问询，并面对他组的疑问进行现场答询。

活动四：小组互评选优

各小组完成问询及答询后要根据问答结果及各组说明书的设计特点评选出"最佳设计奖"。

活动五：全体观影总结

这一环节要求全体学生共同参与，通过观看教师提供的旅游专业"介绍""讲解""答询"的相关视频，一同归纳总结三者的共同点与区别性，从而做到能区分，能熟练运用。

2. 总结环节：

教师借由"最佳体验奖"和"最佳设计奖"引导学生思考在具体的情景下应当使用怎样的语言来提供优质的服务，启发学生思考作为旅游人应具备怎样的口语交际能力。为巩固提升，布置以下练习：

练习一：在小组展示中选择一处最想游玩的景点，为之写一句广告语。

练习二：在小组展示中选择一件最喜欢的文物，为之写一篇广告词。

【活动评价】

本课评价表由学生自评、小组互评、教师评价组成，从课前准备、课堂表现、课堂体验、课后总结等方面做出共性评价，其中设置了"所思所得"一栏，供学生总结在本课中获得的经验与感想。

【活动成果】

将课后撰写的广告语汇集成册，上传至班级网络学习平台，制作成广告册；将说明书与广告词相结合，制作成广告宣传版面，配合视频讲解，形成独具特色的广告集锦。

学生在评价表中的"所思所得"一栏中表现出对此类口语交际课的高度期待，他们纷纷点赞，以下为部分学生原话的摘录。

生1：感谢这堂形式多彩的语文课，它让我渐渐认识到说话的艺术，它让不敢高声说话的我敢于质疑，敢于提问，敢于抬头挺胸地说出想法。

生2：虽然一开始在镜头下说话很不自在，但正是这种不自在让我意识到语言的美感和力量，也让我认识到作为旅游专业学生应该具备优雅的言谈举止。它让我学会正视自己，也学会欣赏他人。

生3：我从来没有想过团队的力量竟是这样巨大，我也从来没想过有一天我也能像个导演一样拍出满意的视频。感谢大家的团结，希望以后这样的课堂能越来越多。

 案例反思

根据以上口语交际课例，我们可以总结出口语交际授课的教学策略。

一、整合课程资源，注重教学连贯

课程资源即教学资源，广义上包括一切有利于实现课程和教学目标的因素，狭义上指形成课程与教学的直接来源。口语交际，既有课本作为教学依托，也有丰富多彩的生活作为活水之源。因此，如何整合以课本为教学蓝图、结合生活实例的教学资源，是实现有效教学的关键。

（一）连结专题，迁移技能

中职语文学习阶段要求学生掌握 27 种口语交际技能，其中大部分有知识与技能要求上的共通性。如果一项一项进行教学的话，不仅耗时甚多，而且会误导学生在此方面仅进行"断片学习"。因此，教师在备课时要有全局观，要善于将相关专题进行统筹整理。

我将"介绍"作为能力训练的中心，将其中的"自我介绍"与"产品介绍"作为情境设计路径，分别结合"讲解"与"答询"来模拟旅游景点介绍与出土文物介绍，让旅游专业的学生体验在不同语境中的对话特点，促进学生语言技能的迁移。

（二）精选案例，贴合专业

生活教育永远是人类获得直接经验的本源。旅游专业学生日后的工作重心即在生活的不同情境下开展人际关系协调活动。在课程中，我截取"百事可乐"广告中一小段关于人物自我介绍的反面案例作为活动导入环节内容，既可以激发学生的学习兴趣，又可以把它作为错误示范的典型，对比第二课时关于旅游行业中"介绍"的专业视频，更加能够规范学生的口语表达技能，提高旅游专业学生口语服务的意识。

二、强化语文主体，着力全体学生

我从学生专业出发，模拟两种专业实训场景，通过布置视频拍摄作业的方式过滤学生可能出现的不规范表达，强化学生语言的运用能力，这是语文教学与专业提升的有效结合。本次课堂采取小组合作的形式，动员学生积极参与，提升教学活力。

（一）明晰教学环节

教师只有对教学环节清楚明了，才能更加胜任课堂的主导角色，才能有的放矢地调控课堂节奏，进而完成教学目标。在本节课中，教学脉络非常清晰，活动围绕小组展示—小组评价—小组答询—小组选优—观影总结这五个环节开展，分别训练学生关于"介绍""讲解""答询"的相关口语技能，同时通过小组评价提高他们的语言鉴赏能力，力争将训练的技能内化成学生自身的行为规范。

（二）优化教学策略

本课引入"小组互评"与"小组答询"机制，大幅提升学生的课堂参与度，让课堂能"活起来"。其中，通过"最佳体验奖"与"最佳设计奖"的评选，将读、写、说等语文综合素养结合起来，跳出传统语文的教学框架，为语文的教学注入活力。

"小组答询"环节强化的是学生的语言交流能力。口语交际，不仅需要语言的表达能力，而且强调人与人之间的互相交流，它包含听、说两种能力，强调的是语言的双向交流。《义务教育语文课程标准（2011 年版）》提出："口语交际能力是现代公民的必备能力，应该培养学生的倾听、表达和应对能力，使学生具有文明和谐地进行人际交流的素养。口语交际是听与说双方的互动过程。教学活动主要应在具体的交际情境中进行。""小组答询"不仅能考量旅游专业学生的倾听能力、准确地获取信息的能力，还能考察他们是否具有流畅表达和随机应变的能力。

（三）完善评价体系

如果使每个人都能意识到自己对最终的结果可以产生重要的影响，便能增强个体参与的心理需要。本课中将个人投票与小组互评相结合，能调动学生的积极性，让每一名学生切身感受到自己是课堂的小主人，有利于提高学生参与课堂的内在动力。这样课堂也便能真正做到面向全体学生开展实施。

小组互评是在个人评价的基础上对课堂学习评价体系的进一步完善。小组互评的结果是组内成员经过讨论整理后的反馈，小组成员间的讨论能激发学生的思考，让学生的思维跳出个体知识体系的框架，碰撞出智慧的火花。互评让学生在相互欣赏、相互学习的思辨中提升口语交际的技巧。

教学案例：口语交际——接待

 案例描述

【教学目标】

1. 了解"接待"的基本要求和一般流程，掌握接待的基本技巧。

2. 培养与锻炼学生的语言表达能力与人际沟通能力。

3. 通过模拟接待，帮助学生树立以礼待人、待人以理的意识。

【教学设想】

计划在一个课时内，通过"知识竞赛—案例评析—实战演练"三个环节完成授课，以竞赛方式完成对接待基本知识的梳理，促使学生在竞赛中主动筛选信息、归纳要点，在教师的引导下总结出接待的基本要求；以案例评析的方式，加深学生对接待技巧的认识；通过实战演练强化学生对接待"三环节两标准"的认识和实践。本课以时事导入，接待"三环节两标准"贯穿始终，在总结部分引导学生思考网络大数据时代网络接待应有的态度，以期学生活学活用。

【教学环节及过程】

一、课堂导入

播放中国游客在瑞典遭遇野蛮对待的视频。

近日，一个中国家庭出国旅游的遭遇在网络上引起了轩然大波——

中国游客曾先生及其父母赴瑞典自由行，一行三人于9月2日凌晨抵达斯德哥尔摩市区的一家旅店准备住宿。但旅店接待人员表示，按酒店规定，在当天下午3点后方可入住。考虑到父母身体不好、长途旅行较为疲惫及瑞典夜里比较寒冷，曾先生请求旅店让他们付费在大厅椅子上休息一段时间。旅店工作人员拒绝了这个要求，而且态度粗暴，甚至叫来了警察。

网络上对此事件看法不一，众说纷纭。而我们冷静下来，仔细推敲，

可以发现这次事件的导火索源于酒店的接待。

接待，是指对宾客或者顾客表示欢迎并给予应有的服务。除了服务行业以外，我们在日常工作、生活中也经常会遇到各种场合、各种类型的接待。

接待的过程，考验了我们的语言表达能力、人际沟通能力、礼仪修养和职业素养。一次优秀的接待可以在客人心中建立良好的第一印象；相反，一次不太美妙的接待，不但有损自身形象，而且无法解决双方的矛盾，甚至会引起意想不到的大风波。

二、知识竞赛

（一）填空题

1. 接待可分为_____和_____。

参考答案：当面接待；电话接待。

2. 当面接待一般包括_____、_____和_____三个环节。

参考答案：迎客；交谈；送客。

3. 迎接客人时，接待人员应该站在_____的立场，做出礼貌热情的应答。

参考答案：为来宾（客）提供服务和帮助。

4. 在交谈过程中，如果来宾的要求一时间不能满足，需要_____。

参考答案：给予解释，或者约定时间再联系。

5. 细致的接待者，会在送客时根据_____，运用_____。

参考答案：不同对象；相应的告别语。

6. 在电话接待中，_____可以让对方感受到接待者积极的接待态度。

参考答案：对对方的谈话做出必要的重复和附和。

7. 在电话接待中，如果对方要找的人不在场，你应该：_____。

参考答案：1. 致歉；2. 留下对方信息，以便回信。

（二）判断题

1. 如果自己正在办理事情暂不能接待来宾（客），可以理所当然地让客人在一旁等待。（　　）

参考答案：错。应安排他人接待或者求得谅解。

2. 在接待过程中，尤其是电话接待，为了保证自己的信息安全，尽量不要自报家门。（　　）

参考答案：错。应主动自报家门。

3. "有朋自远方来，不亦乐乎？"客户是上帝，是企业的重要合作对象。因此，作为接待者要认真对待来客，有求必应，做客人心中的哆啦A梦。（　　）

参考答案：错。对待客户要求，应结合本单位具体情况进行回应。

4. 在酒店行业，对于刚入住的客人使用告别语，可以说"欢迎以后再次光临本店"。（　　）

参考答案：错。针对不同类型客人，应选择不同的告别语。此处用"祝您入住愉快"更合适。

5. 在一次接待中，客人提出的问题超越了接待员小李的解答范围，小李在接待中频繁使用"这个我不知道""此事与我无关""你再去找其他人吧"。小李觉得自己的应对滴水不漏，简直完美。（　　）

参考答案：错。小李在接待中未能为客户提供必要的帮助，如果自己完成不了，可以转他人接待客人。

6. 接待只要口齿伶俐就好，对仪容仪表没有太多要求。（　　）

参考答案：错。规范的礼仪、整洁的仪容仪表是对客人的尊重。

7. 在电话接待的过程中应备有电话记录本，重要的电话应做记录。（　　）

参考答案：对。

8. 在接待过程中，遇到上级来访，接待要周到，客人离开时要起身相送，真诚地告别；遇到平级或者下级来访时，"佛系"接待，不必远送。（　　）

参考答案：错。对访客的接待，应保持平等、礼貌、热情。

师：完成了接待知识小竞赛，不知道有没有细心的同学发现，要实现一次优质的接待，我们需要有哪些必备素质呢？

归纳：良好的礼貌、热情的态度、得体的语言、灵活的处理方式、坚定的原则和底线——总结起来就是八个字"以礼待人、待人以理"。

小结：完成一次基本的接待，无论是当面接待还是电话接待，都有必要的三个环节，即"迎客（问候）—交谈—送客（结束语）"，我们可以称之为"基本接待三环节"。完成一次有质量的接待，我们需要"礼"字当先，语言得体，同时需要结合单位实际情况为客户提供帮助，理性思考，不能意气用事。因此，完成一次优质的接待，我们要遵循"以礼待人、待人以理"的标准和原则。

三、案例评析

春节期间的一天凌晨 3 点 10 分，两位面容倦怠的客人来到酒店前厅接待处。他们坚持要一间普通标准间，但是其他标准间已经客满，只有一间刚刚退房，楼层服务员正在清扫，需要等待 20 分钟，而客人很累、很不耐烦。现在你作为接待员，该如何接待？

（两组学生分别角色扮演，演绎两种接待过程。教师先用 PPT 投影接待员小 A 的接待过程。）

接待员小 A："先生，您好，欢迎光临。请问需要什么房间？"（接待员面带微笑地询问）

顾客："我们需要一间普通标准间，快点，快点，困死了。"

接待员小 A："我们有豪华标准双人间，498 元一间，还有普通三人间588 元一间。"（继续微笑）

顾客："我说过了要普通标准间。"（略显疲惫的客人不耐烦地说）

接待员小 A："真对不起（真诚的神情），标准间恰巧客满，只有一间刚退房，楼层服务员现在正在打扫。豪华标准双人间也非常适合你们。"（继续微笑）

顾客："不行，刚才机场代表告诉我们是有房间的！"（客人不禁皱起了眉头）

接待员小 A："是有的，但需要请您稍等一会儿，我们马上清理出来。这样吧，我先为你们办理入住手续，那边一整理好，你们就可以入住休息了。"（积极、温柔的语气）

顾客："好的，麻烦了，我们真的很累，需要休息。"

根据情景演绎和对话过程，学生在学案上对接待员小 A 的接待做出点评，个别交流。

（教师用 PPT 投影接待员小 B 的接待过程。）

接待员小 B：“先生，您好，欢迎光临。请问需要什么房间?”（接待员打着哈欠询问）

顾客：“我们需要一间普通标准间，快点，快点，困死了。”

接待员小 B：“我们有豪华标准双人间，498 元一间，还有普通三人间 588 元一间。”（继续哈欠）

顾客：“我说过了要普通标准间。”（略显疲惫的客人不耐烦地说）

接待员小 B：“哦（冷漠脸），标准间客满了，只有一间刚退房，不过还没打扫。要不就豪华标准双人间，没差几块钱。”（不耐烦）

顾客：“不行，刚才机场代表告诉我们是有房间的!”（客人不禁皱起了眉头）

接待员小 B：“是有的，可是要等啊。”（持续不耐烦）

顾客：“请快些，我们很焦急，很累，需要休息。”

接待员小 B：“都和你说了在打扫，怎么就听不明白？你等不及，可以再找其他有房的酒店嘛。附近酒店多得是。”（烦躁、消极的语气）

顾客：“你这是什么态度，我要投诉你!”

根据情景演绎和对话过程，学生在学案上对接待员小 B 的接待做出点评，个别交流。

参考点评：

接待员小 A	接待员小 B
口头语言使用得体，给予疲惫的旅客尊重；体态语言运用到位，对客人始终面带微笑；结合本单位实际情况给予介绍；站在来客立场灵活地选择处理方式，有效地安抚了客人	口头语言使用失当，缺乏职业修养；体态语言运用失当，第一印象失败；没有站在为来客提供服务和帮助的立场；情绪比较急躁，意气用事，口不择言，缺少服务行业必要的服务耐心

启示：优质的接待离不开礼与理的平衡。“以礼待人”和“待人以理”并不矛盾。可以说礼是接待自始至终的表情，理是接待不可或缺的灵魂。

四、实战演练

师：经过知识竞赛和案例评析，我们体验了接待的"三环节两标准"。光说不练假把式，接下来，我们就选取日常生活中的两个常见情形让大家演练一番。每组在两题中二选一，分组演练。老师也会给各组送去神秘的纸条。最后，每题各选一组展示，其他同学对其进行打分评价。

选题一

学生会负责校园每天常规的检查和打分。这一天，小李因为没有穿校服被扣了礼仪分，而这是本周班级唯一的扣分。眼看着班级常规三连冠不保，难免被同学埋怨，小李决定亲自"拜访"一下学生会主席。

地点：学生会办公室。

接待人员：学生会主席小张。

接待对象：小李。

要求：设计 3 个回合以上的对话。

选题二

假定你是工商局或消费者协会负责电话接待的工作人员。一天，一位消费者打来电话投诉所购物品存在质量问题，你将如何接待？请设计接待投诉电话过程中的对话。

要求：简明得体，符合语境，设计 3 个回合以上的对话。

点拨：学生设计时，要注意"基本接待三环节""优质接待两标准"。

特别设计：每组临场下发接待对象的属性，学生根据接待对象属性准备对话。

设计意图：围绕"三环节两标准"夯实学生对接待流程的认识；神秘小纸条增加了演练趣味性，考验学生语言表达能力和人际沟通能力，使学生深入体会接待中"礼"与"理"的平衡。

五、总结拓展

师：通过知识竞赛、案例评析和情景模拟，同学们已经大体上掌握了接待的"三环节两标准"，也认识到一次优质的接待可以化干戈为玉帛。我想，如果在座的同学作为接待员遇到视频中那样的情况，一定会做得更好。

网络时代的到来为接待开辟了新平台，网络客服不正是一个个线上接待员吗？有同学说："我这辈子都不会从事接待工作，'三环节两标准'与我无关。"但细想，访客、客户何尝不是促成一次次优质接待不可或缺的因素。网络时代，以键盘敲击代替口语的表达，作为线上接待员，你该如何应对？作为线上的访客，你又该如何对话？以礼待人、待人以理从来不是单方面的要求。

六、作业布置

假设你是某汽车4S店的微信客服，有一位车主在微信平台上投诉，认为自己的汽车在路上抛锚是4S店保养不当导致的，要求4S店赔偿误工费。这时候你该如何应对？请根据接待的"三环节两标准"，设计一段对话，不少于4个回合。

七、板书设计

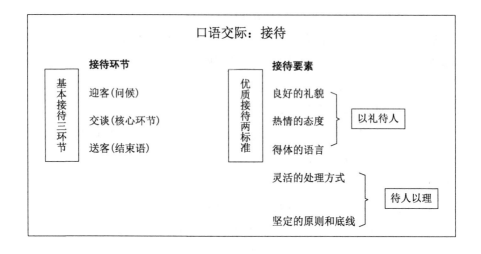

教学案例：口语交际——拜访

案例描述

【教学目标】

1. 了解"拜访"的基本要求和一般流程，掌握拜访的基本技巧。

2. 培养与锻炼学生的语言表达能力与人际沟通能力。

3. 通过现场演练，以拜访的形式寻找口语交际与现实生活的契合点，提升学生语文素养。

【教学环节及过程】

一、导入

师：同学们小学时学过"三顾茅庐"的故事，刘备为了请诸葛亮帮助自己打天下，他三顾茅庐，使诸葛亮非常感动，答应出山相助。诸葛亮初出茅庐，就帮刘备打了不少胜仗，为刘备奠定了蜀汉的国基。

"三顾茅庐"中的"顾"就是拜访的意思。什么是拜访？拜访，就是为了礼仪或某种特定的目的而进行的访问。刘备的成功拜访，对他的一生产生了重大的影响，足见拜访的重要性。

在我们的生活中，无论私人交往还是商业活动，都会涉及拜访。以后，同学们都会走向职场，今天我们所讲的拜访就是针对商业活动而言。

二、知识竞赛

（一）填空题

1. 拜访要做好充分的准备，一是要做好_____，二是要制订详细的_____，三是要备齐_____，四是到达时间不宜_____，五是注意拜访时的_____。（板书：有备而来）

参考答案：客户调查；拜访计划；相关资料；过早；仪容仪表。

2. 拜访过程包括＿＿＿＿＿、＿＿＿＿＿、＿＿＿＿＿、＿＿＿＿＿四个阶段。

参考答案：预约客户；接近客户；晤谈交流；告别客户。

3. 预约客户时，要说明＿＿＿＿＿，协商约定访问的＿＿＿＿＿和＿＿＿＿＿。

参考答案：访问事由；时间；地点。

4. 拜见客户时，有四个环节的用语要注意，依次是＿＿＿＿语、＿＿＿＿语、＿＿＿＿语、＿＿＿＿语。

参考答案：进门；寒暄；晤谈；告别。

（二）判断题

1. 拜访交谈时，为拉近和客户的距离，可以和客户多寒暄一番，不用急于切入拜访事项。

参考答案：错。寒暄后要迅速切入拜访事项，用简短的语言说明来意，然后开始交谈。

补充：最糟糕的拜访不是来访者和受访者无话可谈，而是宾主言笑甚欢，话题却与拜访的主旨风马牛不相及。宾主谈得再投机，如果谈话无助于达到拜访目的，那么来访者也是"枉作此行"。所以选择时机切入正题对于一次成功的拜访是至关重要的。

2. 寒暄时，要多多赞美对方以获得对方好感。

参考答案：错。要适当赞美，注意掌握分寸，发自内心。

3. 拜访交谈时，为了语言优美且便于对方理解，要多用修饰性语言。

参考答案：错。话语要尽量浓缩，少用修饰性语言，只要将事情说清楚即可。

4. 为拉近和客户的距离，可以询问年龄、收入等问题。

参考答案：错。不能询问女士的年龄和对方的收入。

补充：西方人交往中有"七不问"，即不问年龄、不问婚姻、不问收入、不问住址、不问经历、不问工作、不问信仰。这些问题都涉及隐私，容易使人尴尬。

5. 拜访是出于某种目的或原因，所以可以选择在任何时间拜访。

参考答案：错。

补充：拜访时间的选择对于能否实现拜访目的有很大影响。拜访时间"四不宜"：清晨、吃饭、午休、深夜均不宜登门拜访。

6. 登门拜访时，如客户的家人也在场，不用理会，直入主题。

参考答案：错。

补充：来访者不要忽略客户的家人，适当同客户的家属交谈，可以赢得好感。

举例：刚刚被分配到工厂工作的大学生志刚去车间主任家拜访。志刚和主任聊了一会儿，又和主任的母亲拉起了家常，他说："阿姨，做母亲很辛苦哦，尤其是做我们主任的母亲就更辛苦了。""为什么？"这么一来，主任和主任的母亲都被吸引住了。志刚笑笑说："您看我们主任工作时那个劲头，简直就是'拼命三郎'。国庆节大伙儿都度假去了，他还在厂里加班。他这样以厂为家，这个家您还不是得多操心！"——这样的可以抓住在场家人的赞美，能赢得客户的好感。

师：通过刚才的知识竞赛，我们检查了大家的预习情况。一次完整的拜访语言包括进门语、寒暄语、晤谈语和告别语。从刚才的回答中，我们可以发现拜访和其余口语交际相比有个特点——有备而"去"，逐层深入。

三、案例剖析

从以下案例中，分别找出进门语、寒暄语、晤谈语和告别语。

1. 进门语

"王经理，您好。我是得胜公司的销售员小孟，这是我的名片，请多多指教。"

——进门后礼节性打招呼、递交名片，给对方留下良好的第一印象。

"非常感谢王经理在百忙之中抽出时间与我会面，我一定会把握住这么好的机会。"

——让受访者感受到尊重，使其愿意接受来访者并听他讲下去。

（板书：注重礼节）

2. 寒暄语——体现对受访者的关注

"贵公司在您的领导下，业务领先业界，真是令人钦佩。我知道王经理非常重视网络营销，使用这种方式营销，您在业内是榜样啊！"

——赞美王经理销售业绩的优良、对网络营销的重视及经营理念的先进，让王经理的价值感得到了满足，从而对小孟有了更多的好感。

（板书：赞扬要言之有物，符合实际）

3. 晤谈语

"今天我向您推荐一个网站推销的方案，这个方案可以使客户更容易发现您的产品和服务，这样不仅能提高销售额，而且有很好的广告效应，使您的公司和产品拥有更大的知名度。"

——介绍自己的推销方案能够给客户带来更多好处，以引起客户的兴趣。

（板书：给对方带来利益）

"王经理在销售方面的经验和成绩深得业内人士尊重，我在来之前，已经听到不少关于您的辉煌销售业绩和卓越管理能力的赞扬话语。"

——通过不断地、适当地赞美，成功完成了让客户接受自己的目标，为接下来的谈话打好基础。

"我对你们方案的技术细节、产品价格、售后服务等方面还有些疑问。"

——王经理提出疑问，小孟可针对这些疑问——进行解释和说明。

"谢谢您的信任，我们一定会为公司提供周到的推广服务。不知贵公司打算什么时候实行这种方案？"

——在得到客户的肯定评价后提出销售意向。

"我还要与相关部门商量一下再定。"

"谢谢您，感谢您对我们方案的肯定，非常希望能全力为公司发展提供服务。"

——当经理提出需要集体研究才能确定时，小孟并没有急于求成、步步紧逼，而是给客户留有一定余地。

4. 告别语

"今天不打扰您了，非常感谢您的接待，如还有不清楚的问题，您可以随时打电话给我。谢谢您，再见。"

——为下一步继续洽谈促成交易打下良好基础。态度恭敬，殷勤致礼。

四、注意事项

1. 进门语——要合乎礼节

首先，礼貌地敲门或点头行礼致意，面带微笑。

其次，同客户见面后，应立即打招呼。

最后，进门语要与拜访的内容联系起来。

如："王经理，您好，我可以进来吗？我是电话里和您预约的 XX 公司的小王。一直想来拜访您，今天终于如愿以偿了！""初次登门，给您添麻烦了。"

2. 告别语

（1）未达成拜访目的，或被拒绝，仍需表示感谢。

如："打扰您了，实在抱歉，谢谢您。"

（2）视情况可邀请对方做客或主动征询下次访问的时间。

如："欢迎您到我们公司考察。""如果我下次再来，您认为定在什么时间比较恰当？"

3. 寒暄语

诚恳、坦率、自然，紧贴现场情境。

要尽量寻找双方的共同点，也就是双方都感兴趣的话题，尤其是对方感兴趣的话题。

从房间布置、衣着打扮、言谈举止入手，从饮食起居、社会关系等切入，从赞美对方获得好感开始。寒暄的内容很广，诸如天气冷暖、小孩的学习情况、老人的健康状况及最近发生的新闻趣事等，都可以作为寒暄的话题。寒暄时具体谈什么，要有所选择。

从寒暄到晤谈，要自然。

例：大学生小 A 勤工俭学，找到了一份推销洗涤用品的工作。这天，她对一位客户进行电话预约。客户说："我很忙，恐怕没时间接待你。"见到这位客户时，小 A 明白了客户这么说的原因。看到客户怀里抱着一个一岁大的婴儿，小 A 马上就绽开了笑容："哇，好可爱的宝宝啊，让我来抱抱，好吗？""你会抱吗？""会呀，我姐姐的孩子也才一岁多，平时我经常抱她的。哎哟，真漂亮，又白又胖。"最后小 A 很自然地提到："有孩子是件很高兴的事，不过也很累人吧。我看我姐姐洗尿布就洗得够呛。我们公司有些新推出的洗涤用品，去污效果不错，而且是无磷配方，不伤皮肤，洗宝宝的衣服又安全又快捷。我姐姐用了觉得挺好，你要来些试试吗？"

寒暄问候不是无话找话，而是就双方共同关注或受访者感兴趣的事情展开话题，为深入拜访酝酿和谐美好的氛围。恰到好处的寒暄能对拜访目的起到"抛砖引玉"的作用。

总结：拜访要有备而去，注重礼节，选择时机，层层深入。

师：听了老师举的例子，同学们是不是也跃跃欲试了呢？

五、实战演练

题目：1. 假如你是旅行社的销售人员小张，要到某学校找唐校长推销海南游的线路供教师暑期旅游。请你为这次拜访设计不少于 4 个回合的对话。

2. 假如你是某学校的毕业生，现在以本校招生人员的身份去拜访母校的王校长，请他帮忙宣传一下学校。请为这次拜访设计不少于 4 个回合的对话。

学生课前分组合作完成以上两道题。课上教师从中挑选两份，大家一起进行现场修改和点评。

合作修改 5 分钟。展示点评 8 分钟。

作业：修改完善课前自己组写的拜访稿。

六、总结拓展

师：通过知识竞赛、案例剖析和情景模拟，同学们已经大致掌握了拜访的环节和技巧。拜访只是我们生活中口语交际的一个方面，以此为例，我们知道了与人交往时的一般要求，这样的练习不能只局限于课堂、局限于书面表达。希望大家平时生活中也能注意规范自己的语言，这样才能从容面对今后职业生涯中的各种需要。

正所谓"一语定乾坤"，这是一个竞争激烈的时代，也是一个通过语言魅力展示才华和价值的时代。希望大家慧于心而秀于言，质于内而形于外！

教学案例：口语交际——投诉的处理

案例背景

口语交际训练要结合具体情境。职业学校的口语交际课，要结合学生的专业特点，通过专业性场景的设置，接近专业的情景模拟，为学生的专业成长奠基。

以下是为旅游专业的学生设计的一份教案——"口语交际：投诉的处理"。

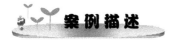

案例描述

【教学目标】

1. 了解投诉处理的定义。

2. 提炼和掌握投诉处理的技巧及注意事项。

3. 能够熟练地将投诉处理的技巧及注意事项运用到实际问题的解决过程中。

【教学重点】

了解投诉处理的技巧及注意事项。

【教学难点】

进行投诉处理训练，通过实践，熟悉并掌握投诉处理的流程及技巧。

【教学方法】

案例分析法、讨论法、角色扮演法。

【教学环节及过程】

一、导入

12320——全国公共卫生公益热线

12333——全国劳动保障电话咨询服务热线

12345——政务服务便民热线

12315——消费者投诉举报专线

12328——全国交通运输服务监督电话

12389——全国公安机关和民警违法违纪举报电话

12319——城建服务热线

12378——银行保险消费者投诉维权热线

教师先出示电话号码，再让学生猜这些是什么号码，最后出示答案。

师：从这么多投诉热线可以看出，生活中，我们会面临各种投诉，公民的维权意识在增强。投诉会引起什么后果呢？

生：客户投诉，意味着企业形象受损，声誉面临危机。

什么是投诉的处理？

学生齐读：

投诉处理是企业对客户投诉的一种回应，是企业对服务缺陷和失误所采取的反应和行动。其目的是以最小的成本获取客户最大的满意度，促进企业的良性发展。

师：研究表明，如果有25人对商家不满，其中的24人并不会投诉，不过他们每个人会把糟糕的体验经历告诉10~20人，并拒绝接受该企业的产品和服务。而投诉者比不投诉者更愿意继续与公司保持联系。如果投诉者的问题得到了解决，60%的客户会继续与公司联系；如果该问题能够迅速得到解决，会有90%~95%的客户继续与公司保持关系。

投诉是把双刃剑。如果处理得当，会赢得转机；如果处理不当，会面临危机。所以，面对客户投诉，我们应该争取客户信任，赢得顾客认同，最终展现品牌的积极形象。

今天，我们学习口语交际——投诉的处理。

二、投诉的概念

抱怨：客户因对产品或服务质量不满意而引发不满情绪，并通过口头或书面方式向售后进行申诉。

投诉：客户因对产品或服务质量不满意而引发不满情绪，通过口头或书面方式向售后、新闻媒体、政府机关或相应社会团体进行申诉，并明确提出了相关要求。

可见两者对于结果的要求不同。前者只是发泄情绪，而后者希望解决问题。投诉者有期望、有要求，投诉的处理就是应对这些期望和要求的。

三、案例分析——酸牛奶中的苍蝇

对照投诉处理的技巧和投诉处理的注意事项，结合具体语句和做法，分析某牛奶制品公司客服中心负责人张成对投诉的处理。

"对不起，我们员工说得不对的地方，请您谅解！有事慢慢说，我负责处理，别着急。"

"发生了什么情况？您慢慢说。"

（面对客户的不满和发泄，真诚道歉，先稳定情绪，让对方有倾诉的出口。）

"小孩在什么地方喝的酸牛奶，那地方的卫生条件怎么样？"

"当时酸牛奶的盒子是撕开的，还是只插了吸管封闭着的？"

"是孩子先发现苍蝇，还是您在第一时间发现的？"

"情况我大致了解了。"

（倾听；全神贯注弄清事实；认真倾听的同时及时回应，获得对方的好感。）

"酸牛奶盒子被撕开后，苍蝇是否有可能掉进盒中？"

（委婉探明问题原因。）

"如果您有时间，我们可以和厂商联系，请您参观酸牛奶的生产流水线。"

（协商提出解决办法，使用商量口吻，如"如果您有时间""我们可以"，不用命令的语气，也给客户多个选择。）

"谢谢您的理解，我们会进一步调查，给您一个满意的答复。"

"谢谢您！今后我们一定注意工作细节，让顾客满意。"

（除当时解决问题外，还通过后续跟踪让投诉的解决更加圆满。）

四、投诉者的需求分析

投诉者的期望：希望有人聆听，希望被认同、被尊重，希望得到认真对待，希望有反应、有行动，希望得到补偿。

投诉处理的注意事项：尊重、不有意无意批评客户，避其锋芒；巧妙道歉，改换接待人、接待地点，改日处理；态度积极，解决问题。

只有站在顾客的角度解决问题，才能赢得顾客的好感，有效平息投诉风波。

五、总结技巧

倾听：清事实—受理：慰客户—分析：探原因—处理：出办法。

六、实战操练

学生分3组，每组都准备同一个内容：

某日，某咖啡厅包厢内的两位客人用餐完毕结账时，账单上所显示金额为78元，餐厅规定包厢最低消费为100元，客人坚持按78元买单，遂与服务员产生争执，并投诉到餐厅经理那里。经理该如何处理这起投诉？请设计投诉处理过程的对话。

师：大家想一想，投诉时，投诉人的情绪会怎么样？在语言、动作上一般会有哪些表现？

生：情绪激动，言辞激烈，还会有一些肢体动作。发怒、抱怨。

师：处理投诉的人，应该是什么表情？

生：专注、微笑、倾听、和颜悦色。

每组推选两名同学，展现投诉处理的过程。

设置评委席，每组推选一位评委组成评委团，亮分数牌，现场点评。

七、经典案例分享

分享视频——《酒店经理处理客户投诉的经典案例》，让学生交流感想。

八、进阶训练：结合专业，修改投诉处理的原稿并分享

师：同学们是学旅游专业的，这个行业经常需要面对顾客的投诉。现在我出示这样一个情境，大家看看该怎么处理。

两位日本客人来昆明谈生意，到一家四星级酒店住宿。用早餐时，电梯的轿厢突然停滞在两层楼之间，导致两位客人受到了惊吓。他们遂找前台投诉，要求免除房费。请设计一段大堂经理妥善处理客人投诉的对话。

投影某同学的投诉处理，学生分组讨论修改。

机动环节：选一个最佳的组合，加上语气、表情进行表演。

"先生、小姐，请用茶。"

"你们怎么搞的？该死的电梯把我们关在里面这么久！我花了钱住酒店，不是花钱买倒霉的。我拒付房费。"

"电梯出故障，虽说是偶然，但当然是我们酒店的责任。我先向您二位表示歉意。"经理边说，边斟茶。

"道歉有什么用？我还是拒付房费，我们的性命都差点丢了。"

"您第一次来昆明吗？"

"当然是第一次。到了昆明生意还没谈，就碰到不顺心的事。几家五星级酒店都客满了，只好住你们这家四星级酒店，今天又让我们碰到了这么倒霉的事。"

"想必您听说过我国有句古话叫'好事多磨'，我可要祝福您交好运呢。"

"什么意思？"

"我并不迷信，但我相信好事多磨。您瞧，您未住进五星级酒店，住在我们酒店，真使我们感到很荣幸。我店的电梯是日本三菱的，使用了七年，没有出现过故障。今天让两位受惊了。但先生您的生意肯定会谈得很成功哦。"

"是吗？"客人的情绪到此时已经变得正常了。

"当然啦，我国还有句古语，叫'大难不死，必有后福'，虽然电梯出故障，我们要承担责任，但先生小姐的'后福'我也该祝贺呀。"

"你真会讲话，托你的口彩，生意如果谈成功，一定忘不了你。"

"您二位有没有受点小伤什么的？"

"没有，还好没事。"

"我还没自我介绍，我是大堂经理，等总经理来了之后再拜访您二位。"

"不必了，你的接待我很满意，我也不是不愿付房费，不过碰到这种不顺心的事，在气头上说说。"

客人出去用餐，回到客房时，一盘水果和一份有总经理签名的道歉信已经放在了房内桌台上。

点评："良言一句三冬暖。"通过这堂课的学习，我们不仅掌握了处理投诉的技巧，也明白了语言的妙用。巧妙的言辞能化解矛盾，让棘手的问题迎刃而解，我们的语文真是无处不在呀！

九、教师总结

师：在现实生活中处理投诉问题，考验的是我们解决问题的能力。在和顾客交流的过程中，既要使顾客满意，又要让公司的利益少受损失，要在与客户的共鸣、共情中，走向共赢。这需要我们在实际生活中多深入思考，多进行语言实践。在职业生涯中，我们不仅需要良好的专业素养，而且要有良好的语言运用能力。所以，同学们，我们不是为了学习语文而学习语文，我们需要在生活中学习语文，又在语文学习中走向生活！

十、播放视频，总结投诉处理技巧

最后播放一段视频——《投诉处理的六个步骤》，巩固投诉处理技巧。

模块四 阅读与欣赏：寻真探美之眼

文学对人性的塑造和对社会风尚的影响是不言而喻的。优秀的文学作品表现出来的高尚的理想、坚强的意志、高度的社会责任感、真善美的心灵，无不对学生产生着潜移默化的影响。文学欣赏是一种审美认知活动，遵循从感性认识到理性认识的一般认知规律，通过理解、玩味，读者能得到赏心悦目、怡情养性的审美享受和思想认识。掌握并遵循这一规律，教师可以引导学生去发现美、认识美、创造美，从而提高学生的审美能力。

提高文学修养，传承中华民族的优秀文化传统。文言文的学习，可以说在一定程度上是为了继承祖国优秀的传统文化。1999 年 5 月 14 日，国家旅游局发布的《导游人员管理条例》中明确指出，"导游人员进行导游活动时，应当向旅游者讲解旅游地点的人文和自然情况，介绍风土人情和习俗"。这里的"人文"包含中国传统文化，可见，学好文言文、提高传统文化修养是对导游业务素质的必然要求。典雅深邃的文言文包含着人文精神的底蕴，对于塑造学生健全的人格和灵魂有重要意义。旅游专业的学生肩负着向旅游者讲解和传播中国传统文化的重要职责。通过文言文教学，可以使学生接触古代先贤的思想，从而传承中华民族的精神。让学生了解相关的古代文化常识，也能培养其热爱祖国的情感。

"阅读与欣赏"模块可精选小说、散文、诗歌、文言文四类作品，通过这四类文学作品的欣赏，使学生学习并掌握鉴赏作品的方法，增强审美能力。

在具体的教学中，可以做到以下几点。

一、一体化设计，做到"育德无痕"

现在有些职校的学生缺乏前进的动力，缺少远大的理想，以自我为中心的现象比较普遍。面对这些学生，将大道理转化为具体可感的内容更容易被他们接受。教师可以尝试抓住学生的兴奋点，找准学生的兴趣点，提前铺垫提升的过渡点，一步步将自强不息、不懈追求的精神和从"小我"过渡到"大我"的情感升华融入课堂，"随风潜入夜，润物细无声"，提升学生的职业意识和道德素养。

二、确定适当的教学内容，是学生核心素养形成的基石

语文学科核心素养由语言的建构、文化的理解、思维的发展和审美的鉴赏组成。在文学欣赏部分，语言的品味是教学重点，主旨的理解是教学难点，目标和重难点的设立要对应语文学科核心素养要素。

在教学内容的选择上，应注重为专业服务。在教学实施时，可以以某一专业为突破口，选择专业性强的教学内容，结合专业进行课外拓展，如旅游专业，可以拓展介绍相关的历史背景、历史故事和名胜古迹等。

三、选择恰当的教学方法，能更好地孕育学生的核心素养之花

语文教学，不仅仅关注文化知识的传授，更关注对学生自我发展意识和社会参与能力的培养。要善于运用不同的教学方法，使学生领会学习文学的方法，学会学习。

古文学习的现状是学生学习兴趣不大且较为功利，学生对教师有较大的依赖性。为提升学生的核心素养，在教学方法的选用上，教师应注重培养学生即兴讲话、与人沟通的能力，让学生在具体篇目中进行相应的锻炼。比如，讲解《子路曾皙冉有公西华侍坐》时，可通过情景剧排演，帮助学生理解孔子的理念，学习孔子及其弟子口语表达的智慧；讲解《赤壁赋》一文时，可要求学生课前搜集与赤壁有关的资料和图片，上课时由学生讲解赤壁古战场，再现曹操当年的豪情。同时，也可将教学时间进行延伸，由课内走向课外，学生下企业假日实践的机会很多，可将实践所接触到的典故、文言文充实到课堂中来，进行摘记和交流。

要有具体的学习任务和交流的方法，让学生在完成学习任务的过程中，获得自主发展、集体参与的乐趣，同时从不同角度和层面发掘作品的意蕴，不断获得新的审美体验。学生在主动学习中感受到语言的魅力，真正喜欢上文学，喜欢上中国的语言，最终提升语文核心素养。

以下我将结合教学案例进行阐述。

教学案例：《一碗清汤荞麦面》

案例背景

本文选自人教版中职语文教材基础模块上册。文章语言优美，情感内涵丰富，体现了人性的至真至美，是对学生进行人生教育的理想范本，也可以适时对学生进行职业素养和职业意识的教育。

案例描述

【教学目标】

1. 品味小说中的语言描写、动作描写、细节描写，学习概括和提要的读书方法，概括文中人物形象。

2. 归纳升华主题，提高逻辑思维能力和口语表达能力。

3. 对坚韧与团结、不屈与奋进、善良、尊重、关爱等美好品质有认同感。

【教学设想】

抓住文体特点，从小说三要素入手，以学生为主体，设计三个活动：回顾故事、走近他们、最令人感动人物评选。三个活动层层深入，在生生、师生自然的交流互动中，学生学习人物的描写手法，概括人物形象，领会文章主题，理解文中所歌颂的人性光辉并共情文本，达到课程思政润物无声的效果。

【教学方法】

1. 问题"串烧"：根据学生的回答，通过不断追问，引导学生向深处思考。

2. 分析比较法：将现在社会中的一些现象与文中的相关情节进行对比，引导学生反思领悟。

3. 竞赛激励法：通过"最令人感动的人物"评选活动，推动学生体味文章细节，感受人物品质。

【教学环节及过程】

一、导入新课

师：上课前，先跟大家聊聊过年的风俗。大家知道中国北方年夜饭必不可少的是什么吗？对，是饺子，取其"更岁交子"、新旧交替之意，饺子形如元宝，又暗含"招财进宝""财源广进"的祝福。而日本过年必不可少的传统美食是荞麦面。按照日本传统风俗，在除夕全家人要聚在一起吃荞麦面，寓意缘分长久，幸福常在，健康长寿。正是因为在日本人心里的特殊地位，所以荞麦面又被称为"年面"。

今天，我们要讲的就是一碗清汤荞麦面的故事。一碗清汤荞麦面造就了一张幸福的桌子，造就了一个孩童要经营日本第一面馆的职业理想。1997年，韩国三星集团在遭受巨额亏损时，其总裁就是读了这碗面的故事之后，激励和感召全体员工，从而让集团走出了低谷。2004年，三星集团盈利1040亿美元，在企业欣欣向荣的时刻，总裁再次组织全体员工学习这碗面的故事。能让世界百大品牌三星两次组织员工学习，足见这个故事的感召力。这个故事出版后被形容为让人"掉进一亿滴泪的海"，这篇有关荞麦面的文章后来一度成为《读者》创刊以来最具影响力的十篇文章之一，有人称它"几乎是一场静悄悄的革命"。

这篇文章的作者——诺贝尔文学奖获得者栗良平也凭借这篇文章成为儿童文学畅销作家。这碗面到底有何特别之处呢？今天就让我们走入面馆，一起品尝这碗面。

二、活动一：回顾故事

提问：这篇文章的文体是什么？
明确：小说。
小说三要素：人物、情节、环境。
屏幕出示四张图片，学生根据图片提示，结合学案，回顾故事。

提炼三要素：

人物：母子三人、店主夫妇；

情节：四个吃面场景；

环境：大年夜的晚上、北海亭面馆。

提问：小说以什么线索将情节串联起来？

明确："一碗清汤荞麦面"将人物、情节、环境贯穿起来，形成一个有机整体。

PPT展示：

第一年	一碗面	开端
第二年	一碗面	发展
第三年	两碗面	发展
第四年	没来，等待中	发展
十四年后	三碗面	高潮，结局

提问：四个吃面的场景有什么联系？

明确：有内在联系，对剧情发展起推波助澜的作用。

第一次吃面：大年夜晚上10点多，最后一位顾客出了门，一个女人带着两个小男孩走了进来，要来一碗面同吃。同学们有没有什么疑问？他们为什么此时才来？为什么只要了一碗面？为什么没有出现爸爸的身影？他们是什么人？这里设置了悬念。（PPT：设悬）

第二次吃面：同一时间、地点，母子三人又出现了，还是只要了一碗面母子三人同吃。他们究竟是什么人？简直有点神秘。这里进一步激发读者的阅读兴趣。（PPT：蓄势）

第三次吃面：小说的重点。通过母子三人的交谈，我们了解了他们所遭遇的巨大不幸，了解了他们在困境中相互支持、共渡难关的感人经历。我们由对他们的好奇转为关切。（PPT：蓄势）

第四次吃面：小说的高潮部分。通过母子三人除夕夜特意赶到面馆吃面并答谢店主夫妇的情节，我们了解到经过十几年的不屈抗争，母子三人从困境走向光明，两个儿子也都已长大成才。（PPT：解悬）

小结：整个情节如一条河，一浪高过一浪，维持向前的势头。每次吃面的时间、地点相同，吃面的衣着不同，点面的数量不同，要面的用语不同。这种变化，显示出母子三人经济状况逐渐好转。而经济状况好转后还来吃面，表现出母子三人对以往艰难岁月中美好感情的眷恋，也是三人向更加光明的未来迈进的开始。每次吃面都为下次吃面留下悬念。老板夫妇和面馆顾客的期待也增强了读者的牵挂，直到最后那次吃面，读者才如释重负。——体现出作家栗良平的文章特点：巧设悬念，引人入胜。

三、活动二：走近他们

提问：小说中的人物描写有哪些？

明确：语言、动作、神态、外貌、心理、细节描写等。

提问：在本文中，运用最多的描写是什么描写，运用最巧妙的描写又是什么描写？在书中画出来，并思考它们的作用。

预设：语言描写、外貌描写。

例：语言描写分析

学生对照 PPT，分角色朗读四次吃面的情景。

"……唔……清汤荞麦面……一碗……可以吗？"

"……唔……一碗清汤荞麦面……可以吗？"

"……唔……两碗清汤荞麦面……可以吗？"

"唔……三碗清汤荞麦面，可以吗？"

提问：四次吃面的场景，每次开口要面的都是谁？每次的用语是一样的吗？

学生品味语言，交流发言。

教师引导学生发言后明确：

第一次，"……唔……可以吗"，符合日本人的说话方式，更符合母亲当时的心理，体现了语言的真实性。

为什么把"一碗"放在后面？"一碗"用重音还是轻音？显然，母亲很不好意思说出"一碗"。她感到难为情、害羞。既要与孩子过年，又不愿在人前暴露家境的窘迫，以致伤害孩子的自尊心，只得在顾客散尽的时候去。因不想伤害孩子们的自尊而犹豫，三人要一碗面的尴尬，这么晚的时间因吃一碗面而麻烦人的歉疚，使得母亲每次都怯生生地发问，也反映出母亲的温良谦恭。为什么还是说了？勇气来自母爱的力量。这里体现了语言的复杂性。

第二次、第三次比第一次少了一个省略号，也少了些迟疑。

第三次，要面的数量变成了两碗，也不再那么难为情了。

第四次，因为这时候他们已经战胜了困难，语气变得平静。这几次变化体现了语言的发展性。

小结：语言描写推动了情节的发展。

四、活动三：最令人感动人物评选

导入语：我们都看过《感动中国》人物评选，其中很多感人的事迹让我们一次次潸然泪下。下面我们也进行一次人物评选，在这篇小说里，最令你感动的人物是谁，他对你又有着怎样的启发？

先从母亲、兄弟二人、店主夫妇、蔬菜店老板等顾客中选择一个，举手看表决人数。学生根据选择迅速找组别就座。1组母亲，2组兄弟，3组店主，4组蔬菜店老板等顾客。

分组讨论：学生讨论5分钟，从文中找出依据。

按照以下回答模板：我们第_____小组认为_____最令人感动，她（他们）是 _____（关键词）的人。依据如下：首先_____，其次_____，最后_____，因此_____。

请每组选一位同学在讨论时记录，另选一位代表上台总结发言。

预设：

1. 小说最令人感动人物——为母亲而感动

在遭遇巨大变故时依然坚强，刚刚失去丈夫的她要面对偿还债务和独自抚养两个年幼孩子的困境。但她没有退缩，没有对生活失去信心，而是积极想办法解决，并承担起社会责任，向在丈夫造成的交通事故中受伤的人进行赔偿。（第45段）

她带着两个孩子，孩子们崭新的运动服干净、整洁，而她仍穿着不合时令的斜格子短大衣。尽管生活如此拮据，母亲还是给两个孩子买了新衣服，自己却不舍得添一件新衣。母亲愿意把苦难留给自己，把幸福给予孩子们。

她话语胆怯却没有丝毫乞求之意，即使身处困境也没有消极妥协。这个外表柔弱的母亲让读者看到了她内心的强大和始终保持人格尊严的魅力。

面对精神与经济的双重打击，她没有乞求别人的同情与怜悯，而是与孩子们一起，自强不息，艰苦奋斗，永远对生活充满了希望。女本柔弱，为母则刚。

"大儿，淳儿，今天，我做母亲的想向你们道谢。"（第43段）这句话体现了平等的态度、博大的胸怀。

她代表了伟大的母爱和一个女人的担当，这种有担当、有责任心、有情有义的母亲形象，充分展现出人性美的一面。

2. 小说最令人感动人物——为两个儿子而感动（与当代青少年对比分析）

两个儿子在得知家庭困境时，没有哭闹和堕落，而是勇敢地承担起对他们那个年龄来说还太沉重的责任。他们分工明确，哥哥送报纸，弟弟在家做饭，从而减轻了母亲的重担。他们没有选择逃避、埋怨，而是和母亲共同努力并相互鼓励，最终走出困境，两人都努力学习并学有所成。他们在逆境中更加知晓努力的重要性，只有积极面对人生才会收获幸福。这与当今社会上一些遇到挫折后自甘堕落的青少年形成了对比。兄弟俩所展现的不逃避、努力学习、有家庭责任感、乐观向上的青少年形象值得读者深思。

弟弟敢于写出这件事，哥哥在大庭广众暴露"丢脸"，这体现了他们生活的勇气。

弟弟的理想是开日本第一的面馆，并对每一位顾客说"祝你幸福"。店老板的善良和对身处困境的母子三人的尊重，让弟弟鼓起了生活的勇气，并希望将这种善良与尊重的人性的温情传播开来，让大家都处于温暖的大家庭中。

两个儿子是懂事、勇敢、懂得感恩的。

3. 小说最令人感动人物——为店老板夫妇而感动

第一次去吃面，店老板多给半碗，这是同情。

第二次去吃面，将熄了的炉火点起，这是温暖。

为了少收50元而改了价格，这是尊重。

当他们听到母子三人不幸的遭遇时，泪流满面，这是善良。

而每一次，老板娘都以"谢谢，祝福你们"送走母子，这是祝福。

老板夫妇多加分量，不涨价格，提前留位。正是这看似微不足道的面团、一盆炉火和几句热诚的祝福，使正受残酷折磨的母子三人感到温暖，重获生机。这也给我们一个启示，不要忽视自己对环境、对他人的影响，也许一个小小的善举、一句温暖的话语就会给这个世界带来光明。老板夫妇在遇到这样的顾客时没有嘲讽和冷言冷语，而是更加热情地款待，得知母子三人的遭遇后更是同情和佩服，并暗中帮助他们，使母子三人感受到了社会的温情和关爱。相比很多人把帮助别人的事大肆宣扬、不考虑受助者心理的做法，这种有尊严的帮助更让人尊敬。老板夫妇所展现的互帮互助、关爱同情弱者却又不伤害其自尊的高尚品质让人赞叹。

提问：母子三人第三次吃面后离去时，老板夫妇"目送"他们离开（第66段），这样的目光中应该包含什么？

预设：不只有一般的关心，还有敬仰。老板夫妇与母子三人互相激励，在精神上互相取暖，用人性的光芒照耀对方，这么多颗心所发出的真善美的光芒，彼此交相辉映，让人感动。

我们给老板夫妇的关键词：尊重、善良、关爱。

至此，我们通过人物形象的分析，可以领悟到这篇课文的主题，不仅是对母子三人团结奋斗精神的赞美，也是对老板夫妇真善美品格的称颂。

4. 小说最令人感动人物——蔬菜店老板等顾客

提问：为什么要写他们？找找描写这些人的片段。

预设：他们传诵二号桌的故事，特意赶来店里在二号桌上吃一碗面，心里想"今年的二号桌又要空等了吧"。

在面馆夫妇等待母子三人再一次光临面馆的十多年里，母子三人的故事逐渐为大家所知，人们佩服母子三人的坚强勇敢，也为面馆夫妇执着等待的付出和默默的帮助所感动，大家一起期待着有一天母子三人能再次出现。这种期待来源于对人性中互助友爱和坚毅勇敢的品行的感动，母子三人的出现是对人们所坚信的付出终有回报和团结互助的人性美的一种证明，人们希望生活是积极向上和美好的。

"坐在门口的蔬菜店老板，嘴里含着一口面听了半天，直到这时才把面咽了下去。"——从侧面表现母子三人顽强、团结、奋争故事的感人。

急切提醒的蔬菜店老板和欢呼鼓掌的广大顾客代表了社会上那些心存

善念、富有同情心的人们，他们同情弱者，传递社会正能量，维护着社会的和谐与美好。

这是小说中美好和谐的社会环境。

5. 教师总结关键词

母亲：坚强、乐观、奋斗、有担当、有责任心、有情有义的母亲。

儿子：懂事、勇敢、懂得感恩、不逃避、努力学习、有家庭责任感、乐观向上的青少年。

店主夫妇：善良，同情，关爱弱者，不伤害受助者自尊的经营者。

蔬菜店老板及顾客：心存善念、富有同情心的社会群体。

店老板夫妇将母子三人坐过的二号桌定为"预约席"，并让它出了名，成为"幸福的桌子"，这说明他们对母子三人精神的认可与赞颂。母子三人的奋争不是孤立的，有店老板夫妇的关爱激励，有其他顾客的理解支持，可以说团结互助的优良传统成了小说不可忽略的社会环境。

至此，我们了解了小说的人物和环境。

提问：读完这篇小说，怎样理解"一碗清汤荞麦面"的含义？"一碗"可以删去吗？

预设：一碗清汤荞麦面承载着母亲的爱，传递着母亲的责任与信心，传递着兄弟二人直面生活的勇气和担当，包含着老板夫妇的尊重、同情和关爱，使一家人坚韧顽强、互爱互谅，最终走向光明的未来、走向幸福的生活。

六、总结全文

教师总结：小说揭示了面对生活逆境时顽强不屈、坚韧不拔、团结奋争必能成功的生活哲理，同时也歌颂了人与人相互关爱、团结互助的美好品质。这是一首奋斗者的生命之歌，也是一曲爱和人性美的赞歌！

我们中国，乃至全世界，爱的温暖都在传递。我们身边同样有这样的充满爱心、暖心的社会群体。比如：2003 年哈尔滨工程大学为在校贫困生提供免费服务，成立发放爱心卡让贫困生免费领取所需物品的"爱心超市"；厚德人家饭店推出火遍全国的"暖胃更暖心"的以"套餐 A"为暗号的免费套餐；六旬夫妇在南昌肿瘤医院小巷中开设"一元抗癌爱心厨房"，坚持 21 年不打烊；等等。这些善举不胜枚举，它们都将爱心、善意传递，营造了和谐温暖的社会环境。正像《礼记》中所写："人不独亲其亲，不独子其子。"所以，同学们，不要忽视个人的作用，涓涓细流定能汇成爱的海洋。

七、布置作业

每年的《感动中国》都让我们深深感动。《感动中国》被媒体誉为"中国人的年度精神史诗"，它的意义之一就是给所有的观看者以信心：不要沮丧，不要失望，也不要抱怨，很多能让你感动的人一直就在你的身边。

刚才所讲的创办"一元爱心厨房"的万佐成、熊庚香夫妇，获评 2020 年"感动中国十大人物"，给他们的颁奖词这样写道：

微弱的光，照亮寒夜的路人；火红的灶，氤氲出亲情的味道。这陋巷中的厨房，烹煮焦虑和苦涩，端出温暖和芬芳，惯看了悲欢离合，你们总是默默准备好炭火。

请同学们参照以上颁奖词，选择本篇文章中最令你感动的人物进行颁奖词仿写。要求简洁精练，注重语言的优美。

八、情感升华

1. 教师配乐朗诵
这是一碗普通得没有任何浇头的面
自从面馆老板在碗里拌进了
善良与尊重　真诚与热情
这碗面便不再普通
这是菜单上价位最低的一碗面
自从母子三人从碗里捞起了
坚韧与团结　不屈与奋进
这碗面从此就变得昂贵
即使人生已苍凉得没有一星梦想
我们仍须承认　清汤荞麦面里的真情
永远是人性最原初的渴念

生命不长，为何不多承载一些爱与美好

面前这一碗清汤荞麦面

冒着它永远也散不完的热气

我们头碰头地把它吃下　好吗

为了——

不让它仅仅生长在那个樱花飘飞的国度

不让它悄悄流传于多年以前

不让它成为一个孤本的故事

一件绝版珍藏

2. 总结语

一张二号桌，记录了人间自有真情在；

三碗阳春面，诉说着幸福全凭奋斗来。

同学们，让我们用心去阅读经典吧，因为——文学是灯，照亮人心！

 **案例反思**

此篇教学设计荣获苏州市课程思政优秀课例一等奖，在苏州市庆祝建党 100 周年活动中进行党员示范课教学展示时亦获得一致好评。语文学科融人文性、知识性、工具性于一体，在提升人文素养方面有得天独厚的优势。教师要充分发挥文本维度的思政育人功能，寓德育于文本教学之中。

本节课中，我紧紧抓住小说的三要素，以学生为主体，活动设计层层深入，引导得法；善于捕捉小说中人物的描写手法，引导学生理解文中所歌颂的人性光辉，将语文的工具性与人文性充分结合，多角度训练学生思维，颇有实效。

在文本中，我注意找准细节联系当下进行对比反思，让学生展开追问性阅读，对作者情感、人物形象、文本主题展开深入探讨，使学生获得丰富的阅读体验；同时，适时敏锐捕捉学生思维中存在的问题或切入点，及时补充、提醒、追问，有效达成德育的目标。

比如本堂课中对兄弟二人的讨论，我设置了三次追问，第一次联系当下一些遇到挫折后自甘堕落的青少年，启发学生在家庭层面做一个有责任心、乐观向上的新时代青少年；第二次追问，从母子三人的境况好转入手，启发学生在个人成长层面做一个努力打拼、积极面对生活的人；第三次追问，抓住弟弟的祝福语这个细节，启发学生在社会层面做一个营造充满善良、尊重、温情的社会环境的人。在追问中联系现实，引导学生对比反思，潜移默化地培养学生的情感和情怀。

教学现场气氛热烈，感动了在场的师生，课程思政润物细无声。这是一堂学生主动积极参与的课，体现了"文学是人学，文学点亮人心"的教学主张。

教学案例：《短歌行》

案例背景

《短歌行》是一首古代诗歌，创作年代距离学生所处的当下较远，某教师在教授《短歌行》一课时，采用了融入职场生活的独特活动，让学生对这首诗的理解穿越了时代，多了现代的视角，别有新意，呈现了让师生耳目一新的课堂效果。现分享教学实录。

案例描述

师：同学们，上节课我们一起学习了《短歌行》的创作背景，了解了建安诗歌相关的文学常识，梳理了诗歌大意。今天我们继续学习这首求贤诗。首先来看学习目标：

1. 准确把握诗人的感情及诗歌的主旨。

2. 结合诗人的生平及写作背景，理解建安诗歌"慷慨悲凉"的特点。

一、活动一：HR 争霸赛

师：首先我们走进第一个活动。假如你是曹氏集团资深 HR（Human Resources 的简称，即人事），请以总裁曹操的短歌为基础，撰写一则招聘启事。首先请同学们思考，作为一个求职者，你最关心哪些信息？

生：工资、工作时长、发展前景、工作地、岗位要求……

师：（PPT 展示一则业务员招聘启事）大家说得非常全面，下面我们以这则招聘启事为例，学习如何撰写招聘启事。一则完整的招聘启事应包含哪些部分？首先要有标题，其次是正文，最后还应有落款。首先我们来看第一部分。标题有两种风格，或简洁明了，如"招聘启事""诚聘"；或生动活泼，如标语、口号式标题。第二部分是正文，范例的第一段交代了用人单位的基本情况及招聘原因。"男女不限，年龄在 18 岁以上，中专以上文化程度。"这部分交代了应聘的资格条件。正文处最后是应聘办法及待遇。

师：（PPT 展示招聘启事的撰写格式）招聘启事正文包含开头和主体两个部分。开头首先要对用人单位的情况进行介绍，以增强对求职者的吸引力；其次，要阐述招聘原因，引出招聘启事的正文主体。主体部分主要列出应聘职位的资格条件、待遇、招聘人数及应聘办法（需要准备的个人材料、联系方式、联系人、时间地点等）。正文写法形式多样，可以分段写，内容多的应逐条分项写清楚。最后是落款。谁能帮大家总结一下落款的书写要求？

生：落款应交代单位名和启事发布的时间，写在招聘启事的右下角。

师：嗯，你非常细心，说得很全面，还指出了书写位置。下面请同学们参照例子，以小组为单位交流讨论，撰写一则招聘启事，看看哪组同学能获得"最佳 HR 团队"的称号。

师：（投影展示）请第二组的 HR 代表来解读一下本组的启事。

曹氏集团招聘启事

招聘要求："青青子衿"。

招聘人数："山不厌高，海不厌深"。

薪资待遇："呦呦鹿鸣，食野之苹""我有嘉宾，鼓瑟吹笙"。

生：首先我们集团想要招的是才子，从老板的"青青子衿"这句能看出来。其次薪资待遇很优厚，招聘的人数也是多多益善。

师：你对文本的解读很到位，那老板对于员工的出身、工作经历等方面有要求吗？从中你能看出他怎样的人才观？

生：有才华就可以来，能看出他唯才是举的人才观。

师：用词非常准确。曹操用人一不看门第，二不看工作经历，真可谓任人唯贤，如此才有了贾诩、许攸等曾属敌对阵营的人才前来投奔并为之效力的局面。还有同学要对招聘启事进行补充吗？诗中有没有哪句描绘了曹氏集团的发展前景？

生："周公吐哺，天下归心"这句，能看出公司前景光明，老板会像周公那样建立伟业，将曹氏集团打造成大型上市公司。同时招聘启事的时间是赤壁大战之前。

师：你很细心，也非常幽默，请坐。课后同学们可以继续完善招聘启事。

二、活动二：志士各抒己见

师：假如你是东汉末年的读书人，在读到这则招聘启事时，有哪些地方打动了你，让你想去为曹操效力？请同学们以小组为单位交流讨论。

生：我觉得是"对酒当歌，人生几何"这句。因为他引起了我的共鸣，人生这么有限，我也要抓住有限的人生做一番事业！

师：嗯，他在时间上营造了紧迫感，使你觉得时不我待，必须做点什么了。因战乱频发，加之古代医疗技术不发达，这种对死亡的思考是整个时代的现象，曹操的这番忧思，恰恰也是天下许多有志贤才的忧思。他用时光易逝、人生短暂的感慨，引发了贤才的共鸣，激发了他们在有限的人生岁月中建功立业的愿望，这样的表达有着独特的感染力。

生："越陌度阡，枉用相存。契阔谈讌，心念旧恩"这几句打动了我。东汉末年社会动荡不安，工作不好找。身为曹氏集团总裁，他能想象到我们这些小员工赶路求职的艰辛，这种体贴员工的好老板，为他卖命值了！

师：你的语言感受能力非常强！"越陌度阡"这句的主语并不是曹操自己，而是他渴慕的贤才。曹操把姿态放得很低，他设想对方屈驾、历经艰辛前来看望自己。他以谦逊之姿，让贤才深感倍受尊重。

生："青青子衿，悠悠我心"这句打动了我。我觉得他没有对我摆领导架子，我们之间是平等的关系。

师：你很敏锐。生活中大多数的上下级关系是怎样的？

生：下级更为尊重上级。

师：（PPT出示诗歌注释）对，曹操这种反常的举动背后是对人才的尊重，因而你愿意为之效力。"青青子衿"二句出自《诗经》，且其后还有两句被曹操省略了。请结合注释，以曹操的口吻将其未说的话说出。

生："青青子衿，悠悠我心。纵我不往，子宁不嗣音？"年轻的才子们啊，既然我还没有找到你，你为什么不主动投靠我、与我共创伟业呢？

师：很棒，诗人借《诗经·子衿》中写姑娘思念情人的诗句，抒发自己对贤士的渴望之情，以提醒人才主动投靠自己。

生："我有嘉宾，鼓瑟吹笙"这句很吸引我。假如我去了，他待我如上宾，我觉得我的人生价值在这样的老板手下可以实现。"鼓瑟吹笙"说明我在这里会有很好的物质待遇。

师：看得出来你是"两手抓"，"面包"和"水仙花"你都要。曹操不仅要请你去高级餐厅，好酒好肉招待，还要"鼓瑟吹笙"，奏乐唱歌，给你至高无上的礼遇。这里诗人借《诗经·鹿鸣》中的诗句告诉想来投奔他的人，到他这里的人才能享受到丰厚的待遇，能够得到尊重、受到重视，这对贤才而言的确很有吸引力。

生：我觉得是"明明如月"这句。他把我看得那么贵重，好像天上的月亮，让我觉得被重视，这种感觉很好。

师：很好，你读出了这里的比喻修辞。将人才比作天上月，除了说明其对人才的渴望之外，还说明了什么？可以发挥想象，用一些修辞手法，将这句扩写一下吗？

生：人才难得，可望而不可即，想到这里，忧愁就如月光洒满大地。

师：诗人以明月难以摘取作比起兴，抒发了人才难得的忧愁，这使得开头八句的忧思又得到了深化，内涵更加丰富。

生："山不厌高，海不厌深"这句。我觉得他是有大志向的人，跟着他，可以干出一番伟业。

师："山不厌高"说明他渴望贤才，还说明他对人才的数量需求是怎样的？

生：他不但渴慕贤才，而且多多益善。大家都可以来这里，不用担心没有自己的位置。

师：伟人之所以成为伟人，并不一定是其个体力量多么强大，而是因为他能够使得其他人的力量变成他的力量。此处可看出曹操广纳贤才的气魄。诗的最后，诗人用周公吐哺的典故，进一步强调求贤若渴的心情，希望天下的有志之士都能与自己同心。之所以用周公的典故，还在于周公为西周政权的建立与稳定立下的不世之功，再次表达出曹操渴望一统天下的豪情。这样一个有豪情、有理想、有共情能力的政治家，的确值得人才为之效力。

三、活动三：感受诗人情感

师：通过刚刚的学习，我们充分领略了《短歌行》独特的语言表达特点。全诗出现最多的是哪个字？没错，是"忧"字。整首诗歌多次强调诗人的忧愁，足见其愁思浓烈，诗中的情感只有忧愁吗？这究竟是痛苦的哀怨曲还是热闹的欢乐颂？

师：（播放电视剧《三国演义》的视频片段）大家一起看视频，注意把握情感，尝试在导学案上画出情绪走向图。

师：（择优投影）通过朗读和图片可见，有两种截然不同的情感在文中交替出现，这是否矛盾？嗯，同学们有的点头，有的摇头。（PPT展示谢榛、欧阳询的相关材料）唐代著名书法家欧阳询觉得这首诗的情感一会儿忧一会儿喜，读起来有阻隔、不顺之感，于是在编纂《艺文类聚》时将这首诗删减了一半。明代诗人谢榛很认同他的做法，认为"去其半，尤为简当，意贯而语足也"。请同学齐读删减后剩下的句子，同时思考，欧阳询删去了含有哪一类情感的句子？

师：大家都读完了。感觉如何？你喜欢删除前还是删除后的部分，为什么？

生：喜欢删除前的，因为它有画面感、有声音、有图像。欧阳询把能体现对人才尊重的句子都删掉了。

师：很细心，可以具体一点儿吗？哪些体现诚意的句子被删除了？

生：被删掉的第一处是对待人才的态度，第二处是面对已到来人才的开心，第三处是对于正徘徊不前之人的劝说。

师：非常准确，请坐。删除以后，确实简洁了很多，但原文表达的求贤若渴的情意变淡变薄了。

师：有没有同学是从情绪情感的角度考虑的？可以分享一下刚刚的朗读感受吗？

生：删掉了欢快的部分，读起来略感沉闷压抑。

师：删除后，诗意的确更加贯通了，但诗味似乎也淡薄了很多，情感过于单一，用语平淡，不再是"志深笔长""梗概多气"的抒情诗了。

师：（PPT展示"建安诗风"相关知识）曹操的诗中有独特的生命体验

与情感体验。他生活在一个动荡的时代。一方面，动荡的时代带给人的精神冲击是非常沉重的，因而建安文学笼罩着悲凉之气；另一方面，动荡的时代也为具有强大创造性力量的人提供了更多机会，我们可以看到，奋发有为的精神从这首政治家之诗中喷涌而出——这也是建安诗风的另一个主题，即"慷慨"。

师：（播放音频）在我们刚刚听到的贝多芬的《第九交响曲》中，也存在两个不断对抗的主题。其忧愁越浓重，豪情就越饱满；豪情越饱满，其忧愁就越深沉。如此往复循环，相反相成，完美统一。最后让我们再读诗歌，感受这份抑扬顿挫与慷慨悲凉。

师：课后请同学们按照要求完成导学案上的书签设计活动。下课！

案例反思

语文的外延与生活等同，但是学生在解读文本中的社会生活时会遇到重重困难。学习中国古代作品，需要跨越历史时空；学习外国文学作品，需要跨越地域及历史时空。所以，教师应走进文本，将社会生活包括职场生活融入其中，创设观照社会生活的学习情境，从而引导学生自主进行个性解读。

在教授《短歌行》一课时，这位老师采用了撰写、评点、完善招聘启事的形式，将职场生活融入文本，让学生从文本走向生活，从生活中观照语文。

《义务教育语文课程标准（2011年版）》鼓励学生"注重个性化的阅读，充分调动自己的生活经验和知识积累，在主动积极地思维和情感活动中，获得独特的感受和体验"。学生在阅读和感受文本时，用心地感受、欣赏、评价某一人物及思想，通过体验，把陌生的、与自己无关的文字转变成熟悉的、能够交流的存在，从而用体验将生活化为文字、感受、理解，最终达到主动吸收、自觉收获的学习效果。正如著名教育家刘国正先生所说："语言是躯壳，生活是血肉，思想情感是灵魂，它们水乳交融，难解难分。"[1]

---

① 刘征. 刘征文集：第一卷：语文教育论著［M］. 北京：人民教育出版社，1998：379.

教学案例：《我的母亲》

案例背景

胡适的《我的母亲》重点叙写了特殊背景下的母亲对自己的教育和影响，表达了对母亲的敬意和怀念，语言平实又饱含深情。这样一篇距离学生所处时代有些久远、与学生生活实际反差较大的文章，让学生从动脑、动手到动心、动情，是颇为不易的。如何通过抓住关键巧妙切入，带领学生深入文本，品味语言，并经历情感洗礼是本次教学的难点。以下是我第一课时的教学设计。

案例描述

【教学目标】

依据《中等职业学校语文教学大纲》中"注重对文章整体感知和领会，理解重要词语和句子在文章中的含义和作用，能概括文章的内容要点、中心意思和写作特点"和"注重阅读中的情感体验，感受教材中文学作品的思想情感和艺术魅力，学会初步欣赏文学作品"的表述，设置如下教学目标：

1. 把握课文内容，了解母亲的品性及其对作者的影响。
2. 学习本文运用具体事例和细微言行表现人物形象的写法。
3. 理解艰难中的母爱。

【教学环节及过程】

一、课前准备

教师发放预习任务书，布置预习任务。安排学生在网络环境下搜集胡适及其家庭的资料并观看视频资料，自主阅读课文、查阅工具书，勾画圈点最令自己感动的词句。课前准备为授课的顺利开展奠定了基础。

二、环节一：介绍作者，引发悬念

学生根据课前搜索的资料，交流各自了解到的胡适的信息。教师在学生表述的基础上，出示自己设计的胡适的履历表：

姓名	胡适（1891—1962）
文学地位	诗人；白话运动倡导者；新文化运动开拓者；开创了《红楼梦》研究的新红学派
知识水平	多领域的学者
主要著作	中国现代文学史上第一部白话诗集《尝试集》，第一部白话散文剧本独幕剧《终身大事》
任职情况	曾任北京大学教授、北京大学文学院院长、美国国会图书馆东方部名誉顾问、北京大学校长、普林斯顿大学教授等职

设计意图：此履历表从文学地位、知识水平、主要著作和任职情况四个方面表现胡适卓越的成就，从而引发悬念：如此优秀的人物，他的母亲是怎样的人？

三、环节二：涵咏诵读，走近母亲

依据《中等职业学校语文教学大纲》中"注重阅读中的情感体验，感受教材中文学作品的思想情感和艺术魅力，就作品中感兴趣的内容进行讨论，说出自己的理解、体验或感悟"的表述，此环节采用多种形式的诵读。

1. 教师PPT展示胡适及其母亲的各种生活画面，同时播放背景音乐《我的父亲母亲》（伴奏版）；学生在课前已经观看朗读视频、受到感染的基础上自由朗读。

2. 教师任选一名学生朗诵其感受最深的语段，教师予以适当的评点、指导。

3. 教师范读，学生用心聆听；教师适时点出诵读的核心是"情感因素"。

4. 学生带着个人的情感体验再次自读文本。

5. 学生选择感受最深的语段，有感情地朗读并说明自己选读的理由。

设计意图：此环节学生采用自主探究的学习方式，以达到从精读到整体感知的效果，收获独特的阅读感受。

四、环节三：初研文本，认识母亲

1. 填写胡适母亲履历表

教师出示一张胡适母亲的履历表，学生对照课文进行填写。

姓名	冯顺弟（1873—1918）
文化程度	没有接受过学堂教育
婚姻状况	
身份	
经济状况	
家庭成员	
主要事件	
性格特点	

其中，以下几点学生通过课文研读能很快填写出来。

婚姻状况	丧偶（23岁守寡）
身份	寡妇；寡母；当家后母；后婆
经济状况	不宽裕
家庭成员	大哥、大嫂、二哥、二嫂、"我"等七八口人

设计意图：通过表格中婚姻状况、身份、经济状况、家庭成员这几项内容，引导学生明白文章是在特殊的家庭人物关系中写母亲，体会母亲的艰难与不易。

让学生概括文章的主要事件和母亲的性格特点是有困难的，而采用同桌讨论交流的方式，可以引导学生着眼全篇来分析文中主要写了几件事，以及这些事件分别表现出母亲怎样的性格特点。

谆谆教诲，严格督学（第5小节）

泪说先夫，动情鞭策（第5小节）

小错晨训，大错重罚（第6、7小节）　　　　　——严

人前不训，舐子病眼（第6、7小节） ——慈

大哥滥赌，毫无怒色（第8小节） ——和

嫂子闹气，忍气吞声（第9、10、11小节） ——忍

五叔言辱，当面对质（第12小节） ——刚

在梳理出事件和性格后，教师追问：哪些是母亲们的共性？哪些是这位母亲与众不同的个性？

引导学生归纳。共性：对儿子——严慈相济；个性：对家人——温和、隐忍、刚强。

2. 对比母子履历表

教师再次追问：两张履历表的对比，让我们发现母亲与儿子成就的巨大反差，但文中反复称母亲为"恩师"，母亲何以为师？

在学生交流的基础上，教师小结：我们常说母亲是人生的第一位老师，这主要不是体现在母亲如何"教导"上，而更多地体现在母亲平时待人接物的方式对孩子的影响上。因此，写母亲与家人相处的情形，同样也是在写"母亲是我的恩师"，写她的以身示范对"我"耳濡目染、潜移默化的教育和影响。如果说前面母亲对"我"的教导是"言传"，母亲的以身示范就是"身教"。

设计意图：此环节以填写母亲的履历表作为深入了解母亲的学习方式，让学生明确学习方向，迅速进入对文章的理解、体验，初步把握母亲的形象。教师的两次追问实现了对母亲的首轮到二轮的分析，帮助学生整体把握人物形象。

五、环节四：深入文本，感受母爱

1. 分析母亲履历表

问题创设1：对照履历表，胡家的家庭成员很多，为什么母亲成了当家人？

教师提示：可分析家庭成员状况：大哥"败子"——不能让他当家；二哥"经营调度"——不愿意当家；大嫂"最无能而又最不懂事"——没能力当家；二嫂"很能干而气量很窄小"——没资格当家。

学生通过找句子分析得出结论：这几位家庭成员没有一个是省油的灯，

在这种情况下母亲成了当家人。

问题创设2：母亲当家有权威吗？请从课文中找寻答案。

学生从课文找出句子举例：大哥"见了香炉便拿出去卖，捞着锡茶壶便拿出去押"，母亲"几次邀了本家长辈来，给他定下每月用费的数目"。可见母亲当家没有权威，才逼出"请"的智慧。

文中一句"这种生活的痛苦，我的笨笔写不出一万分之一二"，用质朴的语言、苍凉的笔调写出了母亲生活的悲凉。

2. 补充资料，加深理解

胡适母亲一生艰难——青年丧夫、家业中落、亲人离世、周旋于家族等，但为了儿子忍辱负重。从艰难坎坷中体会母爱的伟大。

这样的母爱，这样的母亲，叫胡适怎能不怀念、不感激？在母亲离世之后，他写了这样一首诗：

十二月一日奔丧到家

往日归来，才望见竹竿尖，才望见吾村，/便心头乱跳，遥知前面，老亲望我，含泪相迎。/"来了？好呀！"——更无别话，说尽心头欢喜悲酸无限情。/偷回首，揩干泪眼，招呼茶饭，款待归人。

今朝，——依旧竹竿尖，依旧溪桥，——/只少了我的心头狂跳！——何消说一世的深恩未报！/何消说十年来的家庭梦想，都一一云散烟销！——只今日到家时，更何处能寻他那一声"好呀，来了！"

在《假如爱有天意》的小提琴曲配乐中，学生读第一段，教师读第二段。

3. 联系生活，升华情感

教师引导、总结：胡适的母亲是艰难的，也是幸运的。因为她有一个理解她、感激她、怜惜她的儿子。其实，不仅仅是胡适的母亲，对所有母亲来说，为了孩子，母亲可以奉献多少？这是一个永无止境的答案。（PPT展示图片）为了割肝救子，"暴走妈妈"陈玉蓉7个月风雨无阻日行10公里，创造了一个无法用冰冷的医学术语解释的奇迹；广州，一位母亲在火灾中为救女儿而失去生命；台湾地区地震及四川省汶川地震中均曾有过以躯体将孩子护在身下，孩子无恙而自己不幸罹难的母亲；洪水灾难中，母亲拼尽全力将婴儿往水面托举，至死仍保留托举姿势……母爱伟大，无数次亲情创造的奇迹让我们心灵震撼！面对这样的大爱，愿天下的儿女们懂得感恩，愿所有的人，都能学会不仅为自己，还要为他人去活、去爱、去付出。

设计意图：此环节分析胡适母亲的履历表，通过对胡氏家庭成员情况的梳理，帮助学生感受胡适母亲作为当家后母的不幸与不易，从而有利于学生理解艰难中的母爱。再联系现实生活，使学生的情感接受又一次的冲击和洗礼。

六、环节五：布置作业，品味母爱

1. 读一读：有感情地朗读精彩语段，品味文章深意。
2. 写一写：对照"中国十大杰出母亲"的颁奖词，请为胡适的母亲写一段颁奖词。

任菲莉——因为爱选择坚强

主要事迹：任菲莉，1963 年生，汉族，本科，国防科技大学电子科学与工程学院高级会计师。作为一位单身母亲，30 多年来，她坦然面对家庭磨难，用坚强的毅力和执着的爱，战胜了常人无法想象的困难和精神压力，含辛茹苦照料着患有脑瘫的双胞胎女儿；她努力工作，多次获得国防科技大学业务评比嘉奖；她积极投入公益事业，为了帮助更多的家庭，2001 年，她创办了湖南省第一个全方位为残疾人服务的网站"菲莉雅爱心屋"，聘请康复专家为脑瘫患者及家庭提供免费康复咨询。每天晚上照顾孩子入睡后，她还要花两三个小时精心维护网站。任菲莉的事迹充分体现了新时代女性自尊、自信、自立、自强的高尚品德，曾被评为"感动 2005·中国十大真情故事"。

第三届"中国十大杰出母亲"给任菲莉的颁奖词：她用一只手，领着女儿艰难地走进生活，她用另一只手，推着女儿顽强地绕过命运，她用这一双手，托举出了中国女性积攒了几千年的自尊自爱和沉勇坚毅。

设计意图：作业一为第二课时的字斟句酌作铺垫；作业二将课前搜索与本课所学用练笔形式进行巩固，使学生深入理解母亲的形象，并锻炼学生以凝练的语言表情达意的能力；所选素材为学生品味胡母艰难中的母爱作参考。

本节课是我所上的一节苏州市的课改展示课，是借班上课。在层层铺垫、步步蓄势的基础上，我最后配乐朗诵胡适怀念母亲的诗作《十二月一日奔丧到家》，学生受到了深深的感染，情不自禁地流下了眼泪，现场听课的老师也泪湿眼眶，整堂课达到了高潮。

学生作业中为胡适母亲写的颁奖词，充分体现了学生对胡适母亲的理解，现举几例：

颁奖词一：平凡的妇女，不平凡的坚强；平凡的母亲，不平凡的气量。二十年风雨凄凉，儿子是不变的希望。勤俭持家，忍让慈祥，正直刚烈，自尊自强，以身作则，教子有方。恩师、慈母、严父，母亲——每个时代都辉煌。

颁奖词二：她用无声的言语，教会儿子做人的道理；她用严明的家法，激励着儿子成才；她用最宽容的心，容纳了人生中的一切不幸；她用一把把辛酸的眼泪，为儿子抹出一片海阔天空。

颁奖词三：她是一把伞，为儿子遮风挡雨，只为能见彩虹；她是一把戒尺，给了儿子做人的训练，不仅弥足珍贵，而且影响巨大；她是一柱顶梁，包办了一切家庭琐事。她是天，她是地，她是儿子的恩师，更是让人铭记一生的慈母。

从听课师生的现场反应和课后学生的作业反馈来看，本堂课取得了较大的成功。

反思这节课的成功，主要原因是教师充分挖掘教材，采取了与教材和学情相适宜的教法。

从教材来看，胡适的《我的母亲》用了一半的篇幅写母亲对自己的严与慈，一半的篇幅写母亲与家人的相处，表现了一个特殊家庭环境中的母亲形象。为什么作者要写母亲与家人的相处？如果仅仅从自传的角度，把教学目标设定为把握母亲形象，而没有设定为理解艰难中的母爱，就缺失了情感教育的意义。

从学情分析，学生能感受到胡适母亲的严与慈，这是几乎所有母亲都具有的品质，不足为奇。但因时代距离遥远，学生很难理解胡适母亲在特殊家庭环境中的艰难，也就更无从感受她为儿子忍辱负重所蕴含的伟大而震撼人心的母爱。因此，课前学生需要进行知识拓展，教师要布置学生查阅胡适及其家庭的资料。

针对胡适母亲的特殊背景，我选择以生活中常见的履历表作为切入点来激活全盘，层层深入。以履历表的填写、对比、分析串起整堂课的教学：填写胡适母亲履历表以把握其形象，对比母亲与儿子的履历表以体会母亲对儿子的影响，分析母亲履历表以感受艰难中的母爱。这样以履历表做整体设计，层层铺垫、步步蓄势、回环照应，引导学生通过填表、对比、分析来深入品味文本，使学生充分把握胡适母亲的整体形象，理解她为了胡适的忍辱负重，理解特殊背景下艰难中的母爱，体会到母爱的伟大，教学的情感目标达成度高。

南朝著名文学评论家刘勰说过："夫缀文者情动而辞发，观文者批文以入情，沿波讨源，虽幽必显。"（《文心雕龙·知音》）教师要批文入情，运用课文中生动美好的形象，以炽烈的情感和晓畅的教育语言，把作者寄寓文中的思想感情淋漓尽致地传送到学生的心田之中，使学生和作者产生共鸣，达到三方情感——教师情、作者情、学生情的和谐统一，这也是语文教学的最高境界。① 语文教材是情感传播的载体，教师要充分挖掘这些情感因素，用整个身心去体验这些情感，再用情感去撞击学生的心灵，引导学生体会、领悟、反思。这样，学生的心灵必将随之震动，情感也随之勃发。

语文教育承载着育人功能，是让人的心灵得到净化的重要途径。"教育是一种唤醒，是对学生人格心灵的唤醒，语文教育的最高境界是发展学生的精神。"② 在语文教学中，教师要充分挖掘教材，采用合适的教法，点亮学生感恩的心灯！

---

① 赵红梅. 语文教学呼唤情感［J］. 课程教材教学研究（小教研究），2012（1）：59-60.
② 袁卫星. 诗意的呼唤和语文的回归［J］. 特区教育，2007（11B）：25-27.

教学案例：《与妻书》

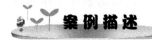

案例描述

【教学目标】

1. 知人论世，了解作者林觉民及其事迹。

2. 理清文章的思路，能顺利完成情境任务，理解"吾至爱汝，即此爱汝一念，使吾勇于就死也"的深刻含义。

3. 体悟革命前辈牺牲一己"为天下人谋永福"的光辉思想和高尚情操。

【教学重难点】

1. 在具体情境中体会作者心理。

2. 体悟革命志士的高尚情操。

【教学方法】

诵读法、讲授法、问答法、讨论法、演绎法。

【教学环节及过程】

一、激趣导入

师：上节课我们共同启封了百年前的烽火家书，今天让我们再次走进《与妻书》，重温这份深情厚爱。

二、设计情境任务

"英雄荣光"艺术节邀请同学们以微电影、朗诵、话剧等多种艺术形式演绎"二十世纪最伟大情书"——《与妻书》，请选择你最喜欢的形式进行创作。

三、明确创作总纲

师：在活动开始前，我们须明确创作提纲，这封信通篇抒爱妻之情，写报国之志。信中哪一句话最能将这两层意思统一在一起呢？试从文中找出能概括本次创作总纲的一句话。

明确："吾至爱汝，即此爱汝一念，使吾勇于就死也。"

四、综合实践活动

（一）活动一·微电影：聚焦经典镜头

社团现欲将《与妻书》拍成一部微电影来参加艺术节，如果你是导演，请设计经典镜头，以小组为单位演一演，并说一说你的构思。

1. 拍摄前准备：开场旁白：① 交代时代背景；② 介绍林觉民；③ 介绍陈意映。

2. 重要道具：写在一方布帕上的《与妻书》。

3. 镜头设计：

镜头名称	画面内容	旁白/配乐/背景画面	效果

4. 导演说戏：① 灵感来自哪一段？为什么选择这一部分？② 阐述动作、台词等的设计意图。

（二）活动二·朗读者：见字如面，以声传情

请学生朗诵《与妻书》经典片段，并说一说选择该段的原因。

教师评价并给出朗诵建议。

学生配乐再读。

（三）活动三·话剧家：独白内心，巾短情长

学生选择最打动自己的内心独白片段，用自己的话将其加工并用喜欢的方式演绎。

学生阐述为何选择这一部分。

教师引导多位学生发言并总结。

（四）活动四·跨时空对话

假设时光再次回到那段凄风苦雨的动荡岁月，你成为陈意映，在收到

林觉民就义后的那封家书时，你将如何回复身在天国的丈夫？请以陈意映的口吻，撰写一封回信（300字左右）。

1. 学生佳作展示：读信、PPT展示照片。

(一)

现在你已经离我而去。秋风瑟瑟，寒冷刺骨的风吹在我的脸上，我就不由自主地想象你奔赴刑场时毫无畏惧的脸。明明近在咫尺，但当我想伸手触摸时，你却如点点星光，消失在我的面前。我从未怪罪过你，你是孩子的榜样，我们以你为豪，以你为傲！

日日夜夜，每时每刻，我都在想你。想你与我初结识，一起欢笑；想你对我表达心意时腼腆的笑容；想你与我一拜天地、二拜高堂、夫妻对拜的情景。那时我才十七岁，风华正茂。英俊潇洒的你，穿着红色的新郎装，缓缓揭开我的盖头。

没有了你的我，就像迷失了方向的船只，被困在茫茫大海上；没有了你的我，就像花儿失去滋润的雨水般干涸。我看着天上那一轮明月，希望它向远方的你传达尽我的思念。我呆呆地看着我们的家，往事仿佛流转在我眼眸，脑海里尽是我依偎着你在小亭子里赋诗作词的场景，一场狂风呼啸而来，打破了我的幻想，再看，亭子里只剩下我孤身一人。

或许是战火的纷飞，将你我分离；或许是不在一世的现实，将你我隔绝。我无法忘却你手心的温度，我无法接受你离开的事实，我希望你仍在我身边。

(二)

当初见这封信时，我迟迟不愿打开，或许我心中知道，当我打开这封信时，你与我已天人两隔。经历心中的苦苦挣扎后，我终是打开了它，可我还没看完，便已泪流满面，当我看完时，早已泣不成声了。无论如何我也不会想到，那次"樱花假"相逢后的分别竟成了永别，你我夫妻二人终是阴阳两隔，你作此书时，"泪珠与笔墨齐下，不能竟书而欲搁笔"，我又何尝不是！"又恐汝不察吾衷……故遂忍悲为汝言之。"早知那次分别的结局是如此，无论如何，我都会与你一同前去。

你问我是否还记得四五年前某夕我们的对话，你说你那时的意思是担心我承受不住你的离开，所以才希望我比你先走，把痛苦留给自己。事实竟的确如此，当我得知你已不在人间时，我确实悲痛欲绝，此刻，我明白了你先前的话语。你如此爱我，若得知我先一步离开，你定会比我更痛苦、更难过吧！

现在的中国，一个人不知什么时候会死，会因什么而死；即便有幸没有死，也可能会与相爱之人分离。你希望以你的牺牲来换取世人的幸福，"为天下人谋永福也"。我并没有拦你，因为这也是我所希望的。我爱你，所以尊重并支持你的理想和愿望。

家中的事你可放心，依新我会将其抚养成人，腹中的胎儿也定会理解你的选择，并不会因此而责怪你，无论男女，他们都会以他们父亲的志向为志向，愿意为天下人谋福利而牺牲自己。

我爱你，我有千言万语想对你说，却不知如何说，所以，就这样吧！

（三）

收到你的绝笔，我心中无比悲痛，但我知晓我们仍旧彼此相爱就足够了。

其实我何尝没有因为你的决绝离开而痛恨呢？恨你为何愿意牺牲自己的生命和我们的幸福。可我知道那是你的志向，是你自己选择的路，我爱你，所以我支持你！

其实我又何尝没有希望过我们可以像平常小夫妻一般平平淡淡，携手一生，一同到白头呢？但我们身逢乱世而你又有自己的志向，所以我接受了，现在想来，当时你为何愿我先离开，定是你早知我会如此痛苦，但我为你的牺牲而骄傲。

愿世上真有下辈子，愿我们再次相逢之时，国泰民安，我们也依旧彼此相爱，可以与我们的孩子一起，好好活着！

（四）

觉民如晤，吾今以此书与汝永别矣！吾作此书时，泪珠与笔墨齐下，不能竟书，又欲汝灵察吾所思所想。吾不愿汝死，但汝已死。

汝书汝至爱吾，但吾未曾认识到。汝在吾有身之时，为任务而亡，未曾陪在吾身边，但吾亦至爱汝，即因此，使吾愿苟活于世。吾自遇汝以来，亦愿天下有情人终成眷属并认识到此事之艰难。但吾未曾想到，汝会匆匆离我而去。但吾会因汝之想，以天下人为念，当亦乐牺牲吾身与汝身之福利，为天下人谋永福也。

汝忆否？四五年前某夕，汝所言令吾闻言而怒，后汝婉解，吾虽无词相答，但吾并不认同，因汝不能禁失吾之悲，吾亦不能。今汝已死，吾无时无刻不念汝。

吾真真不能忘汝也，初婚三四个月，吾与汝并肩携手，低低切切，何事不语？何情不诉？及今思之，空余泪痕。又回忆六七年前，吾对汝言："望今后有远行，必以告妾，妾愿随君行。"汝既许吾矣，未何不行？前十余日，吾未发觉汝之未言之语，是吾之过也。

吾望与汝相守以死，但未实现，深感遗憾。依新还小，吾腹中之子，未出生也。而汝已死，吾等如何生活？须等依新等长大，才能好好生活。吾会教其以父志为志，但吾亦希望汝能陪吾共同生活。

当汝居九泉之下，遥闻吾哭声，可否来看看吾，万分希望汝灵能依依旁吾也，吾万望汝可时时来吾梦中，与吾相聚。

2. 学生评价，教师总结：大家笔下的陈意映，有成全，也有悲泣，用一生孤寂成全了千秋道义。

五、探究

教师提问：林觉民的死到底值不值得？请观看视频，回答问题。

此举若败，死者必多，定能感动同胞。吾辈死，而同胞尚不醒者，吾决不信也。使吾同胞，一旦尽奋而起，克复神州，重兴祖国，则吾辈虽死之日犹生之年也。宁有憾哉！宁有憾哉！

——林觉民

学生齐声朗诵，情感升华：
忆往昔，前辈护河山万里
满身污泥也不曾放弃
血染荆棘，傲然屹立
展今时，我辈守千秋盛世
满怀壮志亦不断坚持
少年意气，奋发不息
他们奉献给飞扬的红旗
给长征两万五千里

给生活着世世代代人们的黄土地

给统一与和平的胜利

而我们将历史、将他们永远铭记

不负时代更不负自己

一万年太久，我们只争朝夕

六、活动五·我笔绘我心

请为微电影设计一张海报，包含画面及 20 字左右的宣传语。
学生画、写，教师展示、评论。

案例反思

《与妻书》的授课方式是生活化语文教学方式的创新实践。

第一个活动：微电影。导演说戏，选择一个画面拍摄，引导学生自主研习文本内容，深入理解画面；学生深入研读之后，再选择最能体现文本内核的段落作为电影拍摄的片段，达到从泛读到精读的效果。

第二个活动：朗读者。此活动引导学生自主研究文句，品味情感。

第三个活动：话剧家。这是一大亮点。通过把文言文转成白话文，学生对文义理解得更加深入。学生在装备上也下足了功夫，佩戴扩音器来演绎。学生全情投入，演得真切，听得认真，现场效果很好。

第四个活动：跨时空对话。学生以陈意映的口吻写一封给林觉民的回信。从学生写的回信来看，不少学生选择用文言来创作，言辞恳切，纸短情长。这既能让学生体会文言风格，又能使其从文中体会细节，在具体情境中体会作者心理，锻炼了学生的写作能力。

第五个活动：我笔绘我心。学生为微电影设计海报，包括画面及 20 字左右的宣传语。宣传语的写作既锻炼了学生评价作品的能力，又让学生在理解文本内容的基础上实现情感的又一升华。

五个活动都与学生在生活中常接触的演绎形式有关，且活动设计层层推进、环环相扣，这极大地激发了学生的学习热情，现场精彩纷呈，教学效果很好。

教学案例:《寻梦者》

案例描述

【教学目标】

1. 体会诗歌重章叠句、一唱三叹的的形式美。

2. 理清线索,欣赏诗歌有内蕴的意象美。

3. 把握脉络,领会作者真挚深沉的情感美。

【教学重难点】

1. 对诗歌语言的品味。

2. 对诗歌意象的理解。

【教学方法】

诵读法、讨论法、问答法。

【课前准备】

1. 学生完成命题作文《我的梦》。

2. 学生反复朗读《寻梦者》,并查询戴望舒的资料。

3. 学生自主阅读戴望舒的《雨巷》和《我用残存的手掌》,吟诵《诗经·关雎》。

【教学环节及过程】

一、活动一:榜上有名谈梦想

师:十六岁的花季,十七岁的雨季,这正是最爱做梦的年龄。其实,每个人都有自己美好的梦,有梦想,人生才不会苍白。同学们的梦是怎样的呢?前几天,大家写了命题作文《我的梦》,对自己的梦想进行了充分的构思。对大家写的作文,我进行了归类和精选。看看哪几位同学榜上有名?(PPT 展示个别学生语录)

江禹希:我希望自己就如龟兔赛跑中的乌龟,即使自身条件比不上别人，我也要通过不懈努力克服困难，小梦想是考好期末考试，为最后的高考而努力！

教师点评：励志型

李佳伟：我有一个大胆的青春梦想：能够有机会去世界各地看一看，走一走，领略世界的美好与神奇。可是，我从心底里知道，这个梦想实现的概率很小很小，小到不足以让人们去相信它，但我还是在心里埋下这个梦想的种子，希望有一天可以生根、发芽。

教师点评：随性型

张闻达：我的梦想是当一名医生。"白大褂"是值得被尊敬的，正是因为他们，世界上才会有那么多人从死神的手中逃脱，继续活在这个美好的世界。

教师点评：高尚型

师：无论想要实现怎样的梦，都离不开为梦想成真去努力追求的过程。今天，我们学习"雨巷诗人"戴望舒的《寻梦者》。

余光中曾这样评价戴望舒："崛起于 30 年代的戴望舒（1905—1950），上承中国古典的余泽，旁采法国象征诗的残芬，不但领袖当时象征派的作者，抑且遥启现代派的诗风，确乎是一位引人注目的诗人。"[1] 让我们一起走进戴望舒的作品。

设计意图：课前布置学生写作文，可以在了解学生梦想的基础上进行引导，为最后的思想提升作铺垫。"榜上有名"活动的设计从上课开始就抓住了学生的注意力，提升了学生对教学的关注度，增强了学生的自信心。

二、活动二：各显神通理脉络（情感美）

（一）解题："寻梦者"是谁？

明确：作者自己，所以"寻梦者"是作者自喻。

学生齐读一遍，找文中的线索：寻梦。核心词汇：梦。

（二）抒情脉络梳理

作者是如何体现寻梦的历程的？请学生用组词法来概括各个段落。

---

① 黄维樑，江弱水. 余光中选集：第三卷［M］. 合肥：安徽教育出版社，1999：179.

将学生分成七组，分组讨论，每组对相应的自然段用"＿＿＿＿梦"的格式进行概括，并阐明命名的理由。第八节各组抢答。

明确：第一节：做梦；第二节：知梦；第三节：寻梦；第四节：赏梦；第五节：养梦；第六节：圆梦；第七节：藏梦；第八节：入梦。

（三）总结抒情脉络

以梦为线索，分为：做梦—寻梦—再次入梦。诗歌波澜起伏，开头与结尾形成"圆形"篇章结构，在对梦的艰难求索中，情绪的旋律不断激荡升华，这是诗歌的情感美。

设计意图：此活动的目的是带领学生用自己的方式理解诗歌。学生在斟酌字词填空的过程中，基本理解本诗的抒情脉络。初步达成教学目标3。

三、活动三：分行朗读通诗节（形式美）

（一）将学生分成三大组，教师组织学生开展分组分行朗读。

1. 分组分行朗读1：

全文朗读：第一组读第一句，第二组读第二句，第三组读第三句。

2. 分组分行朗读2：

读诗歌1~4段，第一行第一组读，第二行不读，第三行第三组读。

向第二组提问：第二行是第一行的重复吗？能否删去？

引导学生理解第二行的作用：

第一段第二行：梦会开出娇妍的花来的——说明花的娇嫩。表明梦的美好诱人。

第二段第二行：在青色的大海的底里——说明在大海的最深处。可见寻梦的艰难。

第三段第二行：你去航九年的瀚海吧——在"攀九年的冰山"的基础上再次表现寻梦的艰难。

第四段第二行：它有海上的风涛声——除了"云雨声"，还有"风涛声"，难怪使"我"的心沉醉。说明梦的美好。

明确：第二行不是对第一行的简单重复，而是第一行的递进，起蓄势作用。

3. 分组分行朗读3：

学生读诗歌的5~8段，第一行不读，第二组读第二行，第三组读第三行。

向第一组提问：诗歌第一行能否删去？第一行起什么作用？

明确：不能。如果没有会显得突兀，第一行是起势部分。没有第一行，后面的诗句就没有递进的作用。

4. 分组分行朗读4：

全文朗读：第一组读第一句，第二组读第二句，第三组读第三句。

向第三组提问：诗歌第三行的作用是什么？

明确：升华情感。

（二）归纳诗节的结构特点

从起势、蓄势到升华，每个句子都有它的作用，而并非简单的重复。一唱三叹，重复递进。前两行是叠句的形式，重复递进，第三句升华，富有音乐美。

（三）联系古今诗句，加深对本诗形式美的认知

1. 学生齐背《诗经·关雎》，教师讲解：

重章叠句手法："参差荇菜，左右采之""参差荇菜，左右芼之"。

2. 联系戴望舒的《雨巷》：

复沓手法："她飘过，像梦一般的，像梦一般的凄婉迷茫。"

设计意图：聚焦学生的核心素养，确定课程的教学内容，设计诗歌的教学方法，通过多种分行朗读，对比感受，避免了传统课堂的被动学习和知识灌输，让学生在主动学习中深刻体悟诗歌的形式美。拓展对比阅读古今诗歌，进一步加深了学生的理解。达成教学目标1。

四、活动四：对比朗读明意象（意象美）

从古代诗歌到现代诗歌，我们接触到了意象。诗歌会运用多种意象构成独特的意境。意象是渗透了作者主观情感的形象。给意象增加一些修饰词，情感表达的效果会更好。

（一）教师示范分析

1. 铺垫：缩句和扩句对比

缩句：海面上撒着珊瑚岛。

扩句：在祖国南海湛蓝的海面上，撒着几十个绿宝石般的珊瑚岛。

缩句简单，只保留核心要素，而扩句表现了作者对南海的喜爱和向往，以及对珊瑚岛的珍爱。其中一些修饰词非常重要。

2. 举例

《寻梦者》第一段可缩成：梦会开出花来的，梦会开出花来的，去求珍宝吧。

读来似乎少了味道。填词进去："梦会开出花来的，梦会开出（娇妍的）花来的，去求（无价的）珍宝吧。"这样就带有作者的情感。

娇妍：象征梦的美好绚丽，让人产生无限遐想，充满对梦的向往。

无价：梦的珍贵。

这些修饰词的融入，带有对梦的情感，表现了对梦的向往。

教师带领学生怀着对梦的向往之情再齐读第一段。

（二）学生举一反三，竞赛展示

其余七段分七个小组讨论分析，然后分组分段进行展示交流。

要求：

1. 讨论如何缩句，抓住核心词汇。

2. 比较朗读：一位学生读缩句，另一位学生读原句。

3. 组长发言谈填词后的效果。

对朗读和分析得最好的组进行嘉奖，分别颁发"诵读最佳奖"和"讲解最佳奖"。

（三）通过学生的分析，梳理意象美

1. 第二段

"在（青色的）大海里，在（青色的）大海（的底）里，（深）藏着（金色的）贝（一枚）。"

青色：梦的澄澈高远，暗指不能轻而易举获得。

金色：梦的珍贵难得。

底里、深藏：寻贝的艰难。

2. 第三段

"你去攀（九年的）（冰）山吧，你去航（九年的）（瀚）海吧，然后你逢到那金色的贝。"

"瀚海"原本指的是北方的大湖，后指广大戈壁沙漠。

冰山、瀚海：去攀冰山，去沙漠，象征寻梦的艰难。

九年：虚指，象征寻梦的漫长。

3. 第四段

"它有（天上的）云雨声，它有（海上的）风涛声，它会使你的心沉醉。"

天上的云雨声、海上的风涛声：象征贝的丰美的价值。

4. 第五段

"把它在（海）水里养（九年），把它在（天）水里养（九年），然后，它在一个（暗）夜里开绽了。"

海水、天水：象征梦需要精心呵护。

九年：虚指，象征养梦的漫长。

暗夜：象征梦的来临不可预知，具有不经意性。

5. 第六段

"（当你鬓发斑斑了的时候，当你眼睛朦胧了的时候，金色的）贝吐出（桃色的）珠。"

鬓发斑斑、眼睛朦胧：寻梦的代价与沉重。

桃色：象征梦的美好诱人，突出梦的静美与绚丽。

经过这样漫长而艰苦的历程，金色的贝终于吐出桃色的珠，可这时，寻梦者已经是鬓发斑斑、眼睛朦胧了。

（四）教师讲解语言特点

1. 提问：第七段哪些诗句体现了寻梦者对"桃色的珠"的态度？

明确："放在怀里，放在枕边"。

放：轻轻地，柔柔地，生怕弄坏、弄疼了梦。还要放在怀里，放在枕边，可见对梦视若珍宝，珍惜万分。

2. 提问：第八段"你的梦开出花来了，你的梦开出娇妍的花来了，在你已衰老了的时候"说明了什么？

明确：说明梦实现的时候寻梦者已经老了。显示寻梦到实现梦的过程的漫长。

（五）总结

师：通过刚才的对比、品味，大家能够发现，寻常的事物，如花、大海、珠、云雨声、风涛声、水等，正是有了这样一些前缀后缀的修饰词，才将梦呈现得如此令人向往，也使寻梦显得如此之艰难。所以，语言真是魅力无穷啊！

联系高考题：

2018年江苏省高考语文作文题：

根据以下材料，选取角度，自拟题目，写一篇不少于800字的文章；文体不限，诗歌除外。

花解语，鸟自鸣，生活中处处有语文。

不同的语言打开不同的世界，音乐、雕塑、程序、基因……莫不如此。

语言丰富生活，语言演绎生命，语言传承文明。

教师强调：语言丰富生活，语言诠释生命，语言传承文明。连高考命题都偏向语言，可见语言的重要性。希望同学们字斟句酌，领略语言的魅力，并学会运用语言。

设计意图：有比较才有鉴别，有鉴别方显深度，利用对比诵读、比较阅读激发学生学习的积极性和主动性，活跃学生的思维，利于学生举一反三地学习如何鉴赏诗歌，让学生能尝试用课内学到的审美方法去鉴赏新的诗歌作品，从而领略语言的魅力。达成教学目标2。

五、活动五：跟读诗歌会诗情

播放名家诵读视频，学生跟读。
再播放音频，学生自由读一遍。

六、活动六：总结升华悟诗魂

教师总结：人生的许多奋斗都源于最初的梦想，世间的许多伟大都来自不变的追求。课前，同学们抒写了自己的梦，那么古人有着怎样的梦呢？"会挽雕弓如满月，西北望，射天狼"是苏轼的梦；"待从头、收拾旧山河，朝天阙"是岳飞的梦；"长风破浪会有时，直挂云帆济沧海"是李白的梦；"安得广厦千万间，大庇天下寒士俱欢颜"是杜甫的梦。古人以天下为己任，那么我们今人又怎能只局限于个人的"小梦"呢？

课前大家阅读了戴望舒的《我用残存的手掌》，可以发现，戴望舒后期诗作中的梦境由"小我"走向"大我"。梦境是由祖国的河山幻化而成的，一张无形的地图出现在诗人的意念里。受伤的残存的手掌深情地抚摸着每一寸土地，超越个人生死的"大我"情怀在对梦境的构筑中表现出来。这种梦幻来源于对祖国深入骨髓的爱。

同学们，习近平总书记关于"中国梦"有这样一段话：

生活在我们伟大祖国和伟大时代的中国人民，共同享有人生出彩的机会，共同享有梦想成真的机会，共同享有同祖国和时代一起成长与进步的机会。

我们要有"苔花如米小，也学牡丹开"的自强不息，也要有"先天下之忧而忧，后天下之乐而乐"的家国情怀。我们不仅仅要有个人的"小梦"，更要有胸怀天下的抱负，要有国家富强、民族振兴的大梦想。让我们敢于有梦、勇于追梦、勤于圆梦，为实现中华民族伟大复兴的中国梦而奋发图强！

设计意图：照应教学开头学生的小梦想，补充介绍戴望舒后期的作品进行升华，引导学生自强不息，为中国梦的实现而努力。

七、布置作业

创作诗歌《我的梦》，采用重章叠句、一唱三叹的写法，注意意象的选择。

设计意图：由读到写，巩固所学，将教学目标的实现具体化。

八、板书设计

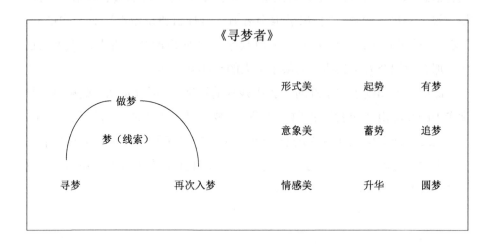

一、一体化设计，做到"育德无痕"

现在职校的学生比较缺乏前进的动力，缺少远大的理想，因此，可将大道理转化为具体可感的内容，使之更容易被学生接受。本教学设计能够把握学生的兴奋点（梦想舞台），找准学生的兴趣点（诵读展示），提前铺垫提升的过渡点（《我用残存的手掌》），一步步将自强不息、不懈追求的精神和从"小我"过渡到"大我"的情感升华融入课堂，做到了"随风潜入夜，润物细无声"。

二、诗歌诵读教学系列化，落地核心素养

核心素养是学生能够适应终身发展和社会发展需要的必备品格和关键能力。其所包含的六大素养中，"人文底蕴"和"学会学习"与诗歌教学联系最为紧密。让朗读成为课堂的有效手段而不是可有可无的噱头，是值得每一位语文教师思考的问题。

（一）确定正确的教学内容是学生核心素养形成的基石

语文学科核心素养由语言的建构、文化的理解、思维的发展和审美的鉴赏组成。本教学设计中，领会诗歌的形式美、意象美、情感美是三个教学目标。语言的品味是教学重点，意象的理解是教学难点，目标和重难点的设立对应语文学科核心素养要素。

（二）运用恰当的教学方法是学生核心素养培养的路径

语文教学，不仅仅关注文化知识的传授，更关注对学生自我发展意识和社会参与能力的培养。本教学设计针对这三个目标的实现，分别采用分行朗读法、减读对比法、组词法三种不同的教学方法，使学生领会到学习诗歌的方法，学会学习。分组讨论展示时，有具体的学习任务，有交流的方法，学生在完成学习任务的过程中获得了自主发展，也体会到了集体参与的乐趣，同时从不同角度和层面发现作品意蕴，不断获得新的审美体验。学生在训练中避免了传统课堂的被动学习，能够在主动学习中感受诗歌语言的魅力，真正喜欢上诗歌，喜欢上中国的语言，最终提升语文核心素养。

模块五　写作训练：摛翰振藻之笔

中职生写作能力堪忧，原因在哪里呢？

有一次我参加区域统一阅卷，作文题目是《风波》。面对这个题目，学生一般都会自然理解为"生活或命运中所遭遇的不幸或盛衰变迁""纠纷、乱子"等，评卷教师也等着了解学生经历的五花八门的家庭或校园纠纷，谁知有这样一篇文章跃入了我们的眼帘：

我最喜欢欣赏湖面上有风吹来时，湖面漾起了的波纹。春天，春风拂面，只见湖面上荡起了波纹；夏天，天气炎热，一阵风吹过，只见湖面上……；秋天，天气凉爽，一阵风吹过，只见湖面上……；冬天，天气寒冷，一阵风吹过，只见湖面上……

难为这个学生，一年四季，分四个段落，描写各个季节风吹到湖面上时波纹的样子。后来继续阅卷，发现这样理解偏差的情况并非个例，学生的理解能力可见一斑。

中职生写作能力不佳的原因主要在于以下两方面：一是学生文化基础薄弱，阅读面窄。从阅读书目来看，学生读得较多的是网络小说、漫画等，文学史上的经典名著几乎没有人去读。我曾做过一个调查，发现读过原版《红楼梦》的中职学生屈指可数。这种现状导致中职生理解能力欠佳，写作水平有限，写作文像挤牙膏一样，枯燥无味。二是在初中，老师往往为了追求升学率，注重针对书本知识的应试教育，而忽略了学生的写作，对学生写作能力的培养不够重视，写作教学的量和学生练习的量不够。有的学生为了中考作文不丢分，采取背好一篇作文、其余作文活学套用的方式。这必然导致在初中时成绩属于中下层次的学生只会写应试作文，而没有实际写作能力。

中职生的作文主要存在以下问题：错别字连篇，词汇贫乏、干瘪，内容空洞，结构呆板，令人难以卒读；不知作文如何切题；缺乏想象和创意；灵活运用语文知识解决问题的能力有所欠缺；缺少基本的学习兴趣，大多数中职生对于自己的前途感到迷茫，写文章更是疲于应付。

如何带领学生结合生活写出好的作文，让学生走出不会写作文的困境呢？我从常见的话题作文入手，试图解决这一难题。

话题作文是学生考试中常见的作文类型，尽管学生接触得多、写得多，但佳作较少，许多作文存在偏题、不符合题意、观点提炼浅显、语言含混干瘪等问题。平时语文老师对个别学生的佳作讲评显得略为单薄，没有形成系列，因此也就没有系统性，不能在方法上引导学生，在情感上感染学生，在思想上引领学生。

本模块前两节话题作文讲评课的素材取自某年苏州市职业高中的统考作文，具有代表性和典型性。教师对照高考作文的发展等级，在大量现有材料的基础上，从作文如何达到"深刻"和"有文采"两个方面进行引导，以期达到帮助学生把握话题作文的写作方向、掌握话题作文的写作技巧，从而提高学生作文质量的目的。

针对中职学生的特点，除话题作文外，我还通过命题作文的深度表达、微型小说的创意表达来开启学生的创作之门。

教学案例：高考话题作文"财富"讲评

 **案例描述**

【教学目的】

通过对话题作文"财富"的专题讲评，给学生以启发和灵感，帮助他们把握话题作文的写作方向、掌握话题作文的写作技巧，提高学生的作文质量。

【教学重难点】

讲授、训练：作文如何达到"深刻"和"有文采"。

【教学方法】

讲授法、示范法、启发法、讨论法（多媒体辅助）。

【教学环节及过程】

一、导入新课

学生交流：写作的本质是什么？

教师讲授：

我喜欢用杜甫的两句诗"留恋戏蝶时时舞，自在娇莺恰恰啼"来形容写作。

写作的本色是自由、率真的，可以说，写作是多姿人生的存盘，是率真性灵的自然流露，是灵犀一点后的感动，是千虑之后的思想结晶，是广泛阅读后的必然倾吐，也是独特个性的自由张扬。写作是一场精神的旅行，是一次思想的探险。

也许，正因如此，在经历了多年的摸索和徘徊之后，人们才选择了话题作文的形式。因为话题作文为审美与作文之间搭建了一座最好的桥梁，拓宽了发现和创造的天空，为写作者的精神之旅提供了尽情展示风采的最好平台！

自 1999 年，高考便开始选择话题作文。2005 年，全国高考卷以"出人意料和情理之中"为话题，浙江高考卷以"一叶一枝一世界"为话题，江苏高考卷以"古人常用'凤头猪肚豹尾'来形容写作，意思是开头要精彩亮丽，中间要充实丰富，结尾要响亮有力，小到学习生活，大到事业人生，何尝不是如此"为话题。而我们职业学校的合格考试，也出现了考话题作文的趋势。

那么，怎么写好话题作文呢？这堂课，我们就通过作文讲评这一形式一起来感受一下。

二、题目回顾：话题——财富

《现代汉语词典》对财富的定义是"具有价值的东西"，包括自然财富、物质财富和精神财富，金钱只是财富的一部分。请以财富为话题，谈谈你对金钱或财富的认识和理解，谈谈你的人生观和世界观，也写写你所拥有的财富，尤其是精神方面的财富，还可以写写世间各类人对待金钱的不同态度，等等。题目自拟，主题、文体不限，字数在 800 字以上。

三、佳题集锦

教师讲授：要求是"题目自拟"，但要拟一个好的题目可是门学问。正所谓"题好一半文"，好的题目能迅速吸引评卷老师的眼球，引发阅读的兴趣。接下来，我选择了一些同学拟的题目，这些题目可以说是抓住了我们的眼球。

贫穷的富翁	财富者，才富也
财"缚"	财富排行榜
金钱之外	孰是孰非？孰多孰少？
财富打官司	从百合到罂粟的"蜕变"
圣经上的蜂蜜	飘着清香的铜臭味
问世间"财"为何物？	道是无财却有财
富贵，掀起你的盖头来	你到底爱不爱我——孔方兄的一封情书

四、作文考试的要求

1. 基础等级
① 符合题意。
② 符合文体要求。
③ 思想健康，感情真挚。
④ 中心明确，内容充实。
⑤ 结构完整，语言通顺。
⑥ 书写规范，标点正确。
2. 发展等级
① 深刻：透过现象深入本质，揭示问题产生的原因，观点具有启发作用。
② 丰富：材料丰富，意境深远。
③ 有文采：语言生动，句式灵活，善于运用修辞手法，文句有意蕴。
④ 有创新：见解新颖，材料新鲜，构思精巧，推理想象有独到之处。

五、讲授"深刻"——让你的文章绽放理性的花朵

1. 教师举例：

家财万贯的父亲带着自己的儿子去乡下旅行，想让儿子体验一下穷人的困苦生活，以此教育自己的孩子。在农场最穷苦的人家里过了一天一夜之后，父亲问孩子："这回你知道穷人是怎样生活的了吧?"小男孩回答道："我发现咱们家只有一条狗，可是他们家有四条狗；我们的花园里只有几盏灯，可他们却有满天的星星；还有，我们只有小小的前院，可他们的院子却有整个农场那么大! 感谢父亲让我明白了我们有多么贫穷!"想必那位父亲会对儿子的回答感到震惊。他难以想象拥有数不尽的钞票、高档洋房、名牌汽车竟被儿子视为贫穷，相反，那些在他看来毫无价值的东西竟被儿子视为财富。或许那位父亲最终会明白：金钱之外，还有财富。

提问：哪句话最能体现深刻?

明确：最后一句——金钱之外，还有财富。

教师讲授："深刻"表现为透过现象看本质，能从生动具体的事例中提

取一种观点、一种思想。这最后一句，不是简单的一句话，而是能照亮这个故事和其他同类事例的思想。这极具概括性的短短八个字，简约而内涵丰富，将尽可能多的思想信息包含在尽可能短的语句中，耐人寻味，禁得起咀嚼，可说是"一语见精神"。

2. 仿照上面的写法，对下面两个故事进行哲理性的概括。

（1）很早的时候，有位猎人没有鞋子，他的脚经常被锋利的石子和荆棘刺破，弄得鲜血直流。他的妻子很心疼，一边给他包扎伤口一边说："要是给所有的路都铺上动物的皮毛那有多好。"丈夫说："这怎么可能呢？那得需要多少张毛皮，得花多少钱啊？"但丈夫从妻子的话中得到了启发，他高兴地对妻子说："脚受伤，是因为脚皮太薄。如果在脚上包上一块动物的毛皮，那么，锋利的石子和荆棘就无法刺破我的脚了。"妻子马上取来一块动物毛皮，把它裹在丈夫的脚上。猎人感到十分舒服、温暖，石块、荆棘也无法再刺伤他的脚了。

学生讨论概括：生活告诉我们，你不能改变世界，却可以改变你自己。

（2）在美国旧金山，有一个醉汉躺在街头，警察把他扶了起来，一看，那醉汉原来是本地的一个富翁。当警察说要送他回家时，富翁哭着说："家？我没有家。"警察指着远处的一幢别墅说："先生，那是什么？""那是我的房子。"富翁说。"那我送你回家。"警察扶着富翁。"那是房子，不是家。"富翁大哭道。

学生讨论概括：每一个温暖的家都有一所房子，但不是每一所房子里都有一个温暖的家。没有家，再多的钱也填不满空虚的心。

六、讲授"有文采"

1. 教师讲授：思想的表达，仅仅做到深刻是不够的，还要把思想表达得生动形象而富有文采。《左传》中有一句话："言之无文，行而不远。"文，就是文采。理性的花朵有了感性的活水的滋养才会更滋润。

那么，怎样使文章有文采呢？要善于运用修辞手法。在所有的修辞手法中，比喻最形象，也最具文学色彩。

2. 学生齐读几段话，教师引导分析。

（1）并不是人人都拥有这种财富（快乐）的。快乐就像凤凰，不是所有的树它都栖止。快乐喜欢结交知足的朋友，所以知足者常乐呀！快乐看不起贪得无厌的人，不管他有多富，权有多大。

分析："快乐就像凤凰，不是所有的树它都栖止。"这个比喻新鲜独特，显示了作者创造性的智慧。

（2）健康是财富，并且是人生最大的财富。白岩松的《痛并快乐着》中有这样一段话："1"是健康，婚姻、事业、金钱就是后面的一个又一个"0"。健康这个"1"在的时候，后面的"0"越多，你的人生越丰富，而前面这个"1"一旦不在了，你后面的"0"再多，人生也只是一个"0"。

分析：这段话很深刻，很有文采。第一句话是观点，用一个递进句式强调健康的宝贵，后面是形象的比喻。精彩的比喻让观点具有非常强的说服力。健康如果没有了，婚姻、事业、金钱又有什么用呢？人生将毫无意义。当然，作者是借用别人的比喻。但荀子说得好："君子生非异也，善假于物也。"借助他人的语言为自己服务，这不失为一种好方法。但关键是我们平时要做积累。没有平时的广泛阅读，哪有写作时的信手拈来呢？除了白岩松的这个妙喻，我认为还有一个成语也表达了相同的意思，那就是"皮之不存，毛将焉附"。

（3）家是你的城堡。在那里你会感到自己的重要与富足。家是属于你的、不可替代的财富。亲人关怀的话语是钻石，恒久不变；亲人的微笑是金子，光亮璀璨；亲人的眼泪是珍珠，晶莹透亮……拥有家的你是幸福的，为家人奋斗的你，脚步是坚定的。双手能为家人而粗糙，城堡里的一砖一瓦用爱去创造，这一切都值得你骄傲！

提问：紧扣话题"财富"，作者选择了哪些喻体？

明确：城堡、钻石、金子、珍珠。

教师讲授：这些珍贵的喻体形象地说明了家是每个人最大的财富。

3. 用比喻修改几段文字。

（1）对于这种财富（回忆）你随时可以动用。失落时，昔日的成功告诉你，你可以战胜面临的困难；仰望硕果时，曾经的失败提醒你，路还长，停止便是失败。

学生按照这样的格式来进行修改：失意时，记忆中的成功像……；得意时，记忆中的失败像……

参考答案：失意时，记忆中的成功像一双温暖的手，抚慰你受伤的心灵；得意时，记忆中的失败像一帖清醒剂，刺激你麻木的神经。

（2）战国时期赵国的名将廉颇老了，留下"廉颇老矣，尚能饭否"的典故；40岁之后的乔丹，不管当年多么神勇，也很难再主宰整个比赛；"可怜白发生"的辛弃疾、"夕阳无限好，只是近黄昏"的李商隐在衰老面前也显得那么无奈和沮丧。年轻无疑是一种财富。

学生按照这样的格式来进行修改：年轻就像……；年轻就像……

参考答案：年轻就像那奔腾的江水，永远向前；年轻就像那破土而出的嫩芽，不断向上。年轻就是机会，就是资本，就是未来。

4. 教师讲授、示范。

第一个故事的哲理"金钱之外，还有财富"，可以用一个比喻句使其更加形象："在财富的天空中，金钱只不过是点缀其中的一颗星星。"

比喻只是修辞手法中的一类，根据思想内容的需要，我们还可以灵活使用其他修辞手法，如拟人、类比、排比、双关、对偶等。

比如：第二个故事的哲理概括，我们可以用一句谚语加以类比，使语言更有韵味、更生动："你不能改变世界，却可以改变你自己。正如你不能阻止鸟儿从你的头顶飞过，却可以阻止鸟儿在你的头上筑巢。"

七、精彩语段欣赏

1. 富有者不是拥有最多，而是需要最少。整天沐浴在金黄色中，有些富人觉得自己有了足够的能源。他们自视过高地拒绝了同情心、上进心，甚至诚信。他们没有望远镜，又怎么料到万里之外的明天？（借代）

2. 在我看来，物质上的富有好比春天开出的花，是美，可它能熬过冬天的风雪而风韵依旧吗？而精神上的财富好比山，千年不倒，它能给后来者以心灵上的震撼。（比喻、对比）

3. 绿叶是树木的财富，芬芳是花朵的财富，翅膀是鸟儿的财富，双鳍是鱼儿的财富；语言是诗人的财富，旋律是音乐家的财富，年轻是青年的财富，经验是老人的财富。（排比）

4. 钱财就像酒一样，饮一杯足矣，不醉，还能惺惺寂寂、大脑清醒。

如果多了一杯，那就可能丑态毕露、丢人现眼。（比喻、对比）

5. 当你费尽心思去追求自认为最重要的财富时，许许多多的财富已从你的身边溜走；当你洋洋得意时，隐藏在背后的却可能是得不偿失；而当你用心去做每一件事时，无意中你已拥有了无数的财富。其实，财富就在你触手可及的地方。（排比）

八、课外参考

1. 教师讲授：除运用修辞手法之外，我们还可以引用名人名言，使文章既有文采，又深刻、有说服力。

2. 教师读：

（1）沉溺于父母的权势和金钱里，只能是吃馋了嘴，懒散了筋骨，毒化了灵魂，搞不好还会葬送青春，葬送事业。——伊雷娜·居里（居里夫人之女、科学家）

（2）金钱能买床铺，但不能买睡眠；金钱能买补品，但不能买健康；金钱能买享受，但不能买快乐；金钱能买书籍，但不能买知识；金钱能买钟表，但不能买时间；金钱能买鲜花，但不能买美丽。（中国俗语）

（3）穷人缺少很多东西，但贪婪者什么都缺少。——普卜利西尔（古罗马诗人）

（4）财富像海水，你喝得越多，你就越感到渴。——叔本华（德国哲学家）

（5）财产可能为你服务，但也可能把你奴役。——贺拉斯（罗马诗人）

（6）金钱是好的仆人，却是不好的主人。——培根（英国哲学家）

九、布置作业

阅读下面的材料，根据要求作文。

在日本电影《狐狸的故事》中有这样一个场景：一个风雪交加的夜晚，刚学会走路和觅食的小狐狸被父母赶到洞外，小狐狸站在风雪中凄厉地哀鸣着，一次又一次试图回到洞里，可是每一次都被堵在洞口的老狐狸咬了出去。狐狸世界的法则是，成年了就不能与父母住在一起，就不能靠父母养活，得自己去讨生活。

读了上面的材料，你有哪些认识、思考和联想？请以"得自己讨生活去"为话题写一篇作文。

要求：① 立意自定；② 文体自选；③ 题目自拟；④ 600 字左右。力求写得深刻且富有文采。

教学案例：高考话题作文"诚信"讲评

案例描述

【教学目的】

通过话题作文"诚信"的专题讲评，给学生以启发和灵感，帮助他们把握话题作文的写作方向、掌握话题作文的写作技巧，提高学生作文质量。

【教学重难点】

讲授、总结：作文如何达到"深刻""丰富""有文采"和"有创新"。

【教学方法】

讲授法、示范法、启发法、讨论法（多媒体辅助）。

【教学环节及过程】

一、题目回顾

一个年轻人跋涉在漫长的人生路上，到了一个渡口的时候，他已经拥有了"健康""美貌""诚信""机敏""才学""金钱""荣誉"七个背囊。渡船开出时风平浪静，说不清过了多久，风起浪涌，小船上下颠簸，险象环生。艄公说："船小负载重，客官须丢弃一个背囊方可安渡难关。"看年轻人哪一个都不舍得丢，艄公又说："有弃有取，有失有得。"年轻人思索了一会儿，把"诚信"抛进了水里。

寓言中"诚信"被抛弃了，这引发你怎样的思考？请以"诚信"为话题写一篇文章，可以写你的经历、体验、感受、看法和信念，也可以编写故事、寓言等。所写内容必须在"诚信"的范围之内。题目自拟，文体不限。

二、试题评析

中国是一个拥有五千多年历史的文明古国，诚信一向是中国人引以为

傲的美德，"人无信不立"、童叟无欺的故事熏陶了我们几千年。近年来，关于失信事件的报道却不绝于耳。所以这个话题的现实针对性很强。

从学生的作文中，我发现本题的写作思路大致有以下几种：

1. 讲述生活中诚信或不诚信的事情。参考拟题：与诚信同行。

2. 编一个故事说明坚持诚信或背弃诚信会给人带来什么样的结果。参考拟题：丢弃诚信之后……

3. 写成议论文，指出诚信是我国古代做人的基本准则，如今却被很多人抛弃了。参考拟题：诚信归去来。

4. 谈特定领域诚信或不诚信的现象。比如商业上，有些商家用各种手段蒙骗消费者，消费者的权益得不到保障。参考拟题：找回诚信。

5. 将人格化的诚信设为主人公，想象其落水后的经历。参考拟题：诚信自述。

三、佳题集锦

教师讲授：话题作文和命题作文一个很大的区别是要求"题目自拟"，但拟一个好的题目可是门学问。正所谓"题好一半文"，好的题目能迅速吸引评卷老师的眼球，引发阅读的兴趣；不好的题目则让评卷老师觉得这位同学的作文水平不高。接下来，我选择了一些同学们拟的题目，大家比较一下。

1. 不好的题目

诚信，诚信，诚实守信

我们不是怪人

2. 好的题目

佳题一：榜上有名（学生习作中的题目）

诚信——永远的守护者	你是我心中的一句惊叹
诚为上策	诚信的较量
别丢，我要!	我诚信，我自豪
诚信三部曲	丢弃了我，你还能得到什么？

佳题二：精彩荟萃（高考满分作文）

留点诚信给自己取暖　　　　　　留一盏心灯期待诚信

明星代言诚信最美　　　　　　　诚信漂流记

我诚信，我美丽　　　　　　　　百元钞票的自述

千年一叹　　　　　　　　　　　成长大学启示录

四、作文的评分标准

先看一个很有趣的小故事：

第一天，小白兔去河边钓鱼，什么也没钓到，回家了。

第二天，小白兔又去河边钓鱼，还是什么也没钓到，回家了。

第三天，小白兔刚到河边，一条大鱼从河里跳出来，冲着小白兔大叫："你要是再敢用胡萝卜当鱼饵，我就揍你了！"

教师讲授：这个故事启示我们，作文要有"读者意识"，正如小白兔若想钓到鱼，首先要知道鱼爱吃什么东西。考场作文我们不能只写自己想写的内容，若想高考作文获得高分，就要了解高考作文的评分标准。

高考作文评分标准包括基础等级和发展等级两大部分。

1. 基础等级

① 符合题意。

此次有一篇题为《中国，你的妆太浓》的作文，讨论中国国力强盛后人民是否成了真正的受益者。完全跑题。

② 符合文体要求。

虽然作文可选的文体很多，但一篇文章只能选定一种文体。如果在确定立意的基础上，发现自己掌握了大量切合文意的名言和名人逸事，可以写议论文；如果有丰富的生活体验或情感体验，可以写成记叙文或散文。

③ 思想健康，感情真挚。

此次有一篇题为《我长大了》的作文，写长大后发现社会没有真正的诚信，一切都是虚假的。这种直面社会阴暗面的文章，最后要有亮色，要让人看到公平、正义和希望。就像诗人顾城所说："黑夜给了我黑色的眼睛，我却用它寻找光明。"

④ 中心明确，内容充实。

此次作文内容的不充实体现在：长篇大论写"狼来了"这种大家耳熟能详的故事；个人和自己朋友的故事列举太多，从头到尾讲一个故事，且不典型。

⑤ 结构完整，语言通顺。

⑥ 书写规范，标点正确。

2. 发展等级

① 深刻：透过现象深入本质，揭示问题产生的原因，观点具有启发性。

② 丰富：材料丰富，意境深远。

③ 有文采：语言生动，句式灵活，善于运用修辞手法，文句有意蕴。

④ 有创新：见解新颖，材料新鲜，构思精巧，推理想象有独到之处。

简单地说，在基础等级中，考生要做到的是"入格"，写合格文；在发展等级中，考生要做到的是"出彩"，写个性文、精彩文。

作文要想拿高分，必须在发展等级上做足文章。就发展等级而言，必须抓住四个关键词：深刻、丰富、文采与创新。这是高考"衡文"的标准，也是我们"练考"所追求的目标。

五、讲授"深刻"（略讲）

深刻，让你的文章绽放理性的花朵。

高考作文评分标准中的"深刻"是指：

（1）能透过现象深入本质。对现象进行"去伪存真，去粗存精，由表及里，由此及彼"的加工，挖掘出寓于事物中的本质。写记叙文要着眼于人物思想品质和精神世界的挖掘；写议论文，则应在纷纭复杂的事物表象中，剥去现象的外壳，抓住问题的核心，高屋建瓴地确立自己的观点。

（2）观点要有启发性。所持观点要具有丰富的思想内涵，有时代感和前瞻性，并能引发读者的思考，使其产生心灵的共鸣、灵魂的震颤和思想境界的升华。

举例：学生习作《丢弃了我，你还能得到什么?》。

六、讲授"丰富"

所谓"丰富"是指"材料丰富"。即文章使用的材料种类多、数量大，内容丰赡，血肉丰满。写记叙文，情节生动，人物性格鲜明，场景描写突出；写议论文，论据丰富且典型。

这是针对近年来高考作文内容陈旧单一、论据苍白无力的现状而提出的要求。考生要善于思考，从生活中汲取新鲜的营养，不断丰富自己的素材库。

举例：

（1）所学课文《送东阳马生序》中的"录毕，走送之，不敢稍逾约"。

（2）所学课文《邓稼先》中的"我不能走"是遵守对祖国和人民的承诺。

（3）某品牌奶粉、牛奶质量问题；某养殖场违禁使用"瘦肉精"。

（4）市长重视对女儿的承诺，每天骑自行车接送孩子上学的事。

（5）"油条哥"每天用新鲜油炸油条引热议。

（6）某家居品牌不讲诚信，伪造家具产地。

（7）"感动中国十大人物"之一的孔东林，在哥哥车祸惨死之后，仍遵守诺言为民工发工资而举债。

（8）网购中不少产品名不副实。

（9）海尔集团诚信经营，广告语就是"真诚到永远"。

（10）华成别克提出：华成卖的不仅仅是汽车，也不仅仅是汽车维修，更重要的是诚信。只有诚信经营才能让企业越走越远。

（11）李嘉诚"把诚信视为自己的第二生活"。

（12）历史名人逸事：曾子杀猪；华盛顿砍樱桃树后主动承认错误。

七、讲授"有文采"

1. 教师讲授：思想的表达仅仅做到深刻是不够的，与此同时，还要把思想表达得生动形象而富有文采。正如古人所说："言之无文，行而不远。"理性的花朵有了感性的活水的滋养才会更滋润。

那么，怎样使文章有文采呢？要善于运用修辞手法，在所有的修辞手法中，比喻最形象，也最具有文学色彩。

高考佳句欣赏：

（1）诚信是雨，洗涤着人们心灵的尘埃；诚信是雷，震撼着人们虚伪的灵魂。

（2）诚信像土，为无数幼苗提供了营养；诚信像水，滋润着小树舒枝展叶，天天向上；诚信像根，将魄力与智慧提供给生长中的树干，使小苗长成大树。

（3）单单拥有财富、美貌、荣誉和才学，生活只会像戈壁滩上的茫茫沙丘。唯有诚信的点缀，才会为荒漠注入新绿，让大漠变成一片生机勃勃的绿色乐园。

（4）让我们用心灵呼唤诚信，让诚信变成清晨你窗前一缕温暖的阳光，让诚信成为小鸟在你耳畔清啼吟唱，让诚信成为你寒冷时身边红红的炉火，让诚信变成烈日下你头顶的一片绿荫。

（5）选择诚信。诚信比美貌来得可靠，没有美貌的人生或许是没有足够亮点的人生，但没有诚信的人生是没有一丝光明的人生。你可以不是潘安，你也可以不是西施，但你不可以失去别人对你基本的信任。"人，以诚为本，以信为天。"没有诚信，生存世间的你不过是一粒悬浮其中的尘粒。

教师讲授：除了运用修辞手法，我们还可以引用名人名言，使文章既增加了文采，而且深刻、有说服力。

八、讲授"有创新"

具有创新意识的作文，是指观点新颖、题材鲜活、表现独特的，在同龄人中具有率先意识的作文。"有创新"是对作文立意、选材、结构等方面的要求，包括见解新颖、材料新鲜、构思精巧、推理想象有独到之处、有个性色彩等。

（1）见解新颖。用自己的眼光去看别人见过的事物或经历的事情，在深刻感悟、真切体验的基础上，提出创造性的见解。

（2）材料新鲜。选用的事件或资料具有浓郁的生活气息、时代感和新鲜度。

（3）构思新巧，推理想象有独到之处。在审题准确的前提下，想别人想不到的、想别人不敢想的、想别人想不透的。写记叙文，要使情节的设计和材料的安排新奇巧妙；写议论文，要在符合题意前提下，从新的角度提出创造性的见解。（举例：学生习作《噩梦》）

（4）有个性色彩。文章的整体风格有鲜明的个性特色，这是对"有创新"的最高要求。

① 立意上创新

举例：有一篇题为《鲇鱼跑了》的文章，记叙的是一家人买了三条鲇鱼，怕它们溜掉，于是严加防范，把鱼放入桶中，"用一个篮子盖严桶口，再加上一块大砧板"。次日，"只见篮子、砧板横躺在地上，桶里空无一鱼"。爸妈难免互相埋怨，作者却突发奇论："我没有责怪小鲇鱼的逃脱，也不像爸妈那样想，因为我突然感到：拼搏中的生命具有不可遏止的力量！"面对生活现象，作者独具慧眼，领悟到富有启发意义的哲理。立意创新使文章熠熠生辉，有了鲜活的生命力。

② 形式上创新

a. 题记：写在正文之前的一段言简意赅、意蕴丰富、语言优美的文字，有凸显文章主旨、吸引读者、开门见山等作用。

b. 戏剧体：三幕、四幕剧，通过不同的场景来体现。

c. 书信体：便于倾诉真实动人的心声。（举例：学生习作《诚信的自述》）

d. 日记体：记录生活，勾起对精彩生活画面的回忆，避免内容空洞、结构混乱。

e. 病例体：客观，令人信服，不落俗套。

举例：

《吴良心病例》（节选）

病人姓名：吴良心

身份：商人

临床印象：诚信缺乏综合征（晚期）

病史：二十年前初次缺斤少两坑害顾客，染上此病。此病伴随吴良心坑蒙拐骗、投机倒把次数的增多和失信手段的日渐高明而日益加重。三年前诚信医院曾诊断过此病人，吴良心拒绝本院药方，逃离病房，赴境外经商。经查，此人诚实信用指数已下降为零，社会威胁力+100。

　　f. 寓言。（举例：高考满分作文《赤兔之死》）

九、总结

世事洞明皆学问，人情练达即文章。多阅读、多思考、多练笔。

教学案例：高考命题作文《心中的灯》讲评

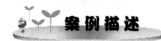

案例描述

【教学目的】

通过命题作文《心中的灯》的专题讲评，给学生以启发和灵感，帮助他们把握命题作文的写作方向、掌握命题作文中应用文的写作方法，提高学生作文质量。

【教学重难点】

讲授、总结：作文如何运用论据。

【教学方法】

讲授法、示范法、启发法、讨论法（多媒体辅助）。

【教学环节及过程】

一、导入新课

江苏省职教高考语文试卷作文类题目分值表：

作文类题目	分值
口语交际	8分
综合实践	8分
应用文	10分
大作文	50分

总共150分的试卷里作文类题目的分数占了76分，可谓"半壁江山"。而其中大作文占50分，其重要性不言而喻。古人说"文如其人""一文定终生"，可见写作的重要性。作文质量的高低直接影响着学生的语文成绩。

凡事预则立，不预则废，我们该从哪方面入手提高作文成绩呢？

二、试题分析

1. 近几年高考题举例

2017年：在上海的一个小胡同里，生活着一位97岁的老裁缝——褚宏生。在近一个世纪的光阴里，他坚守着手工制作旗袍的工艺。胡蝶、王光美、张曼玉等人都以穿上他做的旗袍为荣。我们大多平凡如他，但再平凡的事情，如果有了"工匠"般的坚守与精益求精，它就会散发出迷人的气息。我们也会因此收获尊严与快乐。请以"平凡中的尊严"为题写一篇作文。文体不限（诗歌、剧本除外），不少于600字。文中不得透露真实的校名、人名等相关信息。（对接热点：工匠精神）

2018年：灯是夜的眼——它给人带来光明、温暖、希望……我们心中的灯亦如是。请你以"心中的灯"为题写一篇作文。文体不限（诗歌、剧本除外），不少于600字。文中不得透露真实的校名、人名等相关信息。

2019年：冰心在《往事》中说："海是神秘而有容，也是虚怀，也是广博……"她希望年轻人"都做个'海化'的青年"。请以"做'海化'的青年"为题，写一篇作文。文体不限（诗歌、剧本除外），不少于600字。文中不得透露真实的校名、人名等相关信息。（2019年1月，习近平总书记寄语南开大学师生："只有把小我融入大我，才会有海一样的胸怀，山一样的崇高。"）

2. 单招高考命题趋向

（1）以命题作文为主，善抓关键词

从形式上来看，单招高考作文多以"提示语+命题"的形式出现，提示语对写作材料和立意的选择有着明显的暗示作用，同时有较大的开放性和自由度。

在审题时，要抓住材料中的关键语句所传递的信息，提炼出材料背后蕴含的道理。

2017年单招高考作文题关键句：有了"工匠"般的坚守与精益求精，我们也会因此收获尊严与快乐。

2018年单招高考作文题立意：关键是阐释"灯"的内涵，审题时不要仅局限于"光明、温暖、希望"等词，还要注意到省略号留给我们的无限空间，意识到"灯"要传递给我们的是正能量的东西。

2019年单招高考作文题关键句：神秘而有容，也是虚怀，也是广博。

（2）"软文化"受到命题者的青睐

何为"软文化"？就是人性、心灵中那些"看不见、摸不着却又能感受到"的东西。以"软文化"为主题的文章看上去容易写，容易上手，但要写出能触动评卷老师内心的出彩的文章是非常难的。

怎样写出好作文呢？

一般可以写成叙事或抒情散文、议论文。学生在写议论文的过程中，总有这样那样的问题，所以我们围绕2018年单招高考命题作文《心中的灯》进行了议论文体的现场写作。接下来就以学生写的这篇作文为例进行评讲。

三、构思引导——写什么

1. 解题

心中的灯是什么？

（1）心中的灯可以指心中的那个"引路人"，照亮自己的人生道路和心中的迷茫——可以实写，比如母亲、老师或历史上的某个人，写成记叙文。

（2）灯给人带来光明、温暖、希望，它也可以是信念之灯、理想之灯、希望之灯、文学之灯等——可以虚写，写成记叙文或议论文。

如铁凝的《文学是灯》："文学是灯，或许它的光亮并不耀眼，但即使灯光如豆，若能照亮人心，照亮思想的表情，它就永远具备着打不倒的价值。而人心的诸多幽暗之处，是需要文学去点亮的。"

2. 选材

如果写记叙文，要写自己的经历；如果写议论文，要注意论据的选取，论证要紧紧围绕论点展开。

3. 变通

"心中的灯"与"信念""希望""理想"比较接近，写作中可以化用自己曾写过的有关"信念""希望""理想"的作文。

4. 思路

① 是什么？——旗帜鲜明确立论点：心中的灯是什么？

② 为什么它是灯？重要性何在？——用论据证明论点的过程：有了心中的灯会怎样？

③ 没有它会怎样？——反面论证证明论点。

学生习作举例：反之，如果一个人心中的灯熄灭了，心理就会失去平衡。干部心中如果没有"为官一任，造福一方"的信念之灯，让私欲肆意膨胀，就会走向腐败之路；老百姓心中如果没有自食其力的信念之灯，就会失去生命的支柱，甚至走上犯罪的道路。

④ 再次点明灯的作用。

四、结合评分标准谈现场作文

作文的评分标准有以下几点。

（1）切合题意，主旨明确

作文一开始就要点题，亮出观点；文中要反复出现关键词、关键句。比如这篇作文中"心中的灯"就是关键词，含有"心中的灯"这个词的表达观点的句子就是关键句。有同学从头至尾没点题，就算写得再好也只能被判为"不符合题意"，这种"错案"非常可惜。

（2）思想健康，感情真挚

这是对作文思想内容的基本要求。"思想健康"就是在作文中表达的思想观点、人生价值取向和感情倾向要健康、积极，不能有违法乱纪的思想观念和腐朽堕落的思想感情倾向。

现在我们能看到不少高考满分作文，其实高考零分作文也比比皆是。但无论零分还是满分，都要经过高考阅卷组的充分讨论，绝对不是主观臆断的。

2017年全国Ⅰ卷：据近期一项对来华留学生的调查，他们较为关注的"中国关键词"有：一带一路、大熊猫、广场舞、中华美食、长城、共享单车、京剧、空气污染、美丽乡村、食品安全、高铁、移动支付。请从中选择两三个关键词来呈现你所认识的中国，写一篇文章帮助外国青年读懂中国。要求选好关键词，使之形成有机的关联；选好角度，明确文体，自拟题目；不要套作，不得抄袭；不少于800字。

一位同学的作文被判为零分。举几段为例：

各位来中国留学的朋友们：

你们好！

首先，对你们不怕牺牲、排除万难、不远千里来到中国留学，我谨代表我自己，表示无比敬佩和热烈欢迎！

你们一定知道，中国是文明古国，是礼仪之邦。但你们初来乍到，有很多东西还是知之甚少或是一无所知。现在我就从广场舞、空气污染和食品安全三个方面给你们一些建议。

中国大妈们在跳广场舞的时候，广场的唯一功能就是跳广场舞。这个时候，你可以静静地观看大妈们并不矫健的舞姿，可以违心地鼓掌，但千万不要试图和大妈们争场地，否则你很可能会陷入人民战争的汪洋大海中。记住，中国功夫不像最近报道的那样中看不中用。如果不幸被打，记住购买用传统中药熬制的烈性跌打酒。

还好，你们来的是空气质量相对较好的湖南，如果去的是北京，我只能对你们深表同情了。但是，你们平时最好不要戴口罩，如果是重要的场合，不管空气质量多差都不要戴，否则你们的行为很可能会被定性为辱华。当然，更不要说你们国家的空气是甜的。

中国有很多美食，你们来到的这个城市还有"美食之都"的美誉。但是，为了你们的身体健康，在中国期间，食品安全你们必须高度重视，蔬菜的农药残留是否超标，肉类是否含有激素，海鲜是否使用了孔雀石绿，包装食品的色素是否有问题，等等。很遗憾地告诉你们，这些问题短期之内没办法杜绝，你们恐怕只能自求多福了。另外，在外就餐的话为防被宰要多长个心眼。

提问：为什么判为零分？你认为评委的主要依据是什么？

明确："文以载道"，文章思想境界低，文章肯定低分。选择三个关键词来呈现你所认识的中国，这位同学全部是在贬低和嘲讽，毫无爱国主义情感。这哪里是在宣传中国，完全就是在外国人面前贬低中国。可以抨击社会阴暗，但不能因此抹杀了社会的主旋律——和谐和进步。所以，直面社会阴暗、讽刺社会的文章最后要有亮色，要让人看到公平、正义和希望。

（3）内容充实，选材得当

议论文议论要素要明晰，论据要充足。

（4）层次清晰，结构完整

写议论文，最好有三个分论点。每段第一句就是一个分论点，后面进行阐述。还要注意首尾呼应。

（5）语言通顺，表达贴切

大家作文中口头语、网络词语、生造词语比较多，这是不符合要求的。

（6）书写规范，标点正确

作文书写要遵守文体、文字规范，标点使用要正确。

（7）符合文体、文种要求

文章可选的文体虽然很多，但一篇文章只能选定一种文体。试题"文体不限"给予我们选择文体的自由，但不等于可以写成"四不像"的文章。如果选定了议论文，就要写得像议论文；选定了记叙文，就要写得像记叙文。比如这次要求大家写议论文，有好几位同学还是写成了记叙文。

在文体的选择上如果在确定立意的基础上，发现自己掌握了大量切合文意的名言和名人逸事、典型事例，可以写议论文；如果有丰富的生活体验或情感体验，可以写成记叙文或散文。但总的来说，仍建议大家重视议论文在应试中的价值，不要轻率地尝试小小说、故事新编这样的叙事性体裁。如果写作功力不够，选择叙事性体裁往往会使文章的主体部分沦为仅用一个也许并不精彩的故事来简单印证材料中的观点，最终使文章成为肤浅单薄、缺乏亮点的平庸之作。

五、文章的开头及结尾

（1）巧妙运用试卷所给材料，引出论点。这是材料作文开头最聪明、最保险的做法。题干中的素材既能做事实论据，又能做道理论据，对其进行引用不仅能够紧扣材料，而且可以避免跑题、偏题。

注意要符合基础等级的要求：切合题意，主旨明确。

（2）开门见山。每个自然段的第一句点题，形成议论文的层次感，最后结尾再次点题。

（3）以名言警句开头，既有道理论据，又能使文章升格。

（4）用比喻、对偶、排比开头和结尾，会使文章生动有文采，酣畅有气势。

比喻不仅能使抽象的概念具体化，而且能使文中的叙述和说理显得形象生动；排比形式整齐，语言凝练，气势充沛，最有力度，也最利于酣畅淋漓地抒发感情。

举例一：冰雪覆盖时，我们需要一团火来取暖；烈日炎炎时，我们需要一片树荫来避暑；暗夜无边时，我们需要一点星光来照明；前途迷茫时，我们需要一盏灯来导航；漫漫人海中，我们更需要一盏心灯来指引。（对偶、排比）

举例二：心中的灯，可以照亮人生的道路，使我们坚强成长；心中的灯，可以坚定信念，帮助我们抵抗诱惑；心中的灯，可以带来光明，温暖人心……（排比）

（5）好作文能让阅卷老师"秒杀"到结果。若文章字迹工整、段落分明、结构完整、开头的语句能吸引人、文章层次与主题鲜明、有一些句子带有哲理，便可以短时间内让阅卷老师眼前一亮。

（6）开篇要点明深刻论点。在不少议论文的写作中，我们通常看到学生会根据题目总结出一个简单的论点，然后开始举例并分析，对论点本身却没有深刻的剖析，导致文章很直白，很难给人深刻的感觉。论点是议论文的灵魂，议论文写得好坏，重点就在于论点是否深刻。

（7）以生活中的素材引出论点。通过生活中的鲜活论据引出下文所要论证的观点，水到渠成。比如为了引出"拥有勇气才可以走向成功"的论点，就可以列举一些为人熟知的人物或事例：

倘若邓小平没有勇气，他又怎么会做出改革开放发展经济的决策，从而使中国腾飞？倘若马化腾没有勇气，他又怎么能在创业初期选择投身无人问津的即时通信领域，并从此开创属于自己的商业帝国？倘若小米公司没有勇气，又怎会有其投身低端市场，一举创下效益冠军的奇迹？是的，有勇气，打开束缚双脚的锁链，才能走向成功。

（8）重视提升主旨。在议论文写作中，很多同学往往注重对论点的陈述和对论据的表达，却忽略了对主旨的提升。议论文的主旨需要相对鲜明，所以在文章的结尾需要对论点进行一个总的提升，达到点题的目的。

举例：一盏灯，点亮了人类的通信；一盏灯，照亮了后世的道路。心中的灯是干渴时的清泉，是迷路时的北斗，是风浪中的港湾，是沙漠中的绿洲。如同诺贝尔发明的炸药一样，心中的灯需要引线才能打开，而这引线就是顽强、谨慎、勇敢的意志和美好的心灵。

六、论据选用存在的问题

不少学生写的议论文往往是一个简单的判定是非好坏的观点加若干事例的堆砌，很少做深入的分析说理。比如现场作文中有同学第一段写"毛泽东是我心中的灯"，下一段写"高考是我心中的灯"。每个论点写了一段，就结尾了。"理不够，例子凑"，只写"是什么"，很少花力气去探究"为什么"，不能揭示问题产生的原因；还有的尽管说了原因，却十分肤浅，很少有较为精辟独到的见解，不能给人以启迪和教育。只有学会深入思考，才能使我们的作文立意新颖、说理深刻，具有感染力。

下面举例说明在论据的选用中常出现的问题。

1. 论据选择偏离论点

提问：要论证"勤能补拙"，应选择以下哪个论据？

A. 梅兰芳小时候口吃，为了弥补这一缺陷，他坚持每天早上含沙练唱，最终改掉了口吃的毛病，成为一位闻名中外的艺术大师。

B. 王羲之经常在自己的衣服上写字，最后竟将衣服划破，终于成为著名的书法家。

2. 论据张冠李戴，不真实

A. 听，李煜在唱："载不动，许多愁，恰似一江春水向东流。"

B. 被流放的屈原，时刻不忘报国，终因报国无门而自刎乌江。

教师分析：这两个事例明显存在史实错误。典型事例要记清，不能出现人名、事件搞错的情况。如果记不清，索性不要用。

3. 论据选择不典型

提问：以"挫折铸造成功"为论点，下面的论据说服力强吗？

挫折铸造成功。我们学校的一个女孩在校队踢足球，因表现很不理想而遭到老师的训斥。大家都说她并不适合这项运动，但她没有被挫折吓倒，反而更加发奋努力，终于考进了专业球队。

明确：这个论据说服力不强，"我们学校的一个女孩"，这种论据不具有代表性。像同学们的作文中经常举同学、邻居的例子就是犯了论据选择不典型的错误。

4. 论据选择不新颖

提问：下面是论证"失败是成功之母"的论据，能吸引你吗？为什么？

清朝末年，政府腐败，西方列强入侵中国，中华民族处在水深火热之中，多少仁人志士寻求救国救民的道路，洪秀全领导农民起义，建立太平天国政权，孙中山推翻封建帝制，建立了中华民国……但他们都没有推翻压在中国人民头上的"三座大山"。是中国共产党领导中国人民进行斗争，在斗争中不断总结失败的教训，终于取得了胜利。

明确：这个事例不足以吸引读者，老生常谈，缺乏时代感。

七、论据如何选择

1. 论据要能证明论点

论据是论证论点的根据，是为论点服务的。观点与材料要统一。

2. 论据要真实

道听途说、没有充分调查的事例，由不合理推测而来的事例，都不能用作事实论据。特别是涉及国籍、年代、出处等时，要力求准确，不能有硬伤。

3. 论据要典型

典型性即具有代表性和普遍意义。论据典型，能收到以少胜多的效果。在我们身边，有许多典型的材料可以作为论据，从古到今，由中到外，从名人到普通人，由名言到俗语，皆可以作为有力的论据，使文章丰满起来。

4. 论据要新颖

新鲜的、别人尚未用过的论据是金子，别人用过但你能变换角度去用的论据是银子，别人经常用而你又照搬照用的论据是石子。

八、如何使用论据

1. 单个材料的使用

剪裁取舍，概括叙述。删去与论点关系不大的内容，论据不宜面面俱到、全盘照抄。比如通篇写海伦·凯勒的例子是不合适的。

2. 多个材料的使用

列举排比，铺陈事例形成奔腾的气势。

教师举例：

居里夫人的忙，以放射性元素的发现而得到圆满的休止符；爱因斯坦的忙，以相对论的问世而画上了惊叹号；李白的忙，以他豪放的诗歌而有了很大的成功；张衡的忙，因为地动仪的问世让世人得以仰慕。人生是短暂的、有限的，每个人都可以在有限的生命里忙出人生的精彩！

学生习作举例：

古之成大事者，心中必有一盏灯。司马迁因李陵之祸，忍受宫刑之辱，因他心中有一盏实现父亲遗愿的信念之灯，才以顽强的毅力写下了被称为"史家之绝唱，无韵之离骚"的《史记》；张海迪三分之二的肢体瘫痪，只因她心中有身残志坚这盏信念之灯，才创造了自学大学课程、撰写并翻译了数十万字的长篇小说等人间神话；比尔·盖茨因心中有一盏为知识和智慧创造财富的信念之灯，经过多年的拼搏，终成世界首富。

3. 成段使用论据的方法

方法一：用两个或两个以上事例，正反对比论证。

方法二：用一个事例，详举一例，再详细分析。

举例：

语言，架起沟通的桥梁（节选）

语言，有时是化解误会的良药。它使许多误会得以消除，使不少心灵的隔阂被冲破。赵国大将廉颇妒忌被赵王器重的蔺相如，扬言要使他难堪。而蔺相如却处处避免与之发生冲突，众人不解，蔺相如一句"先国家之急而后私仇也"道出用意。这句话使廉颇瞬间消除了对蔺相如的偏见，他负荆请罪，最终与蔺相如成为刎颈之交。正是因为蔺相如那句掷地有声的话化成了一座桥梁，使两位大臣的心得到沟通，才使廉颇了解到蔺相如的高尚人格，化解了误会。

教师评析：第一句提出观点，之后举为人熟知的《廉颇蔺相如列传》中的例子，最后一句结合论点进行论证，指出蔺相如的话使人与人的心得到沟通、化解了误会，从而证明论点，达到以事例论证论点的表达效果。

九、例文赏析

点亮心中那盏灯

哪怕用尽生命，都只能发出那么一瞬间、一丁点儿的光芒，也希望能照亮自己、照亮别人。

——题记

一位盲人挑一盏灯笼在漆黑的街道行走，当不解的苦行僧问他为何这样做时，他回答："既为别人照亮，也为别人不撞到自己。"读罢顿觉眼前一亮，又暗暗赞叹，此真乃智者也！处在黑暗之中，方知光明之可贵。灯是爱与光明的化身，而此处灯更是智慧之显现。巴金深谙灯之妙而做文章歌颂灯的博爱；冰心的《小橘灯》则让我们领略到一颗童真的心灵。

曾看过这样一个故事：一位医生在某个大雪纷飞的深夜接到一个求救电话。医生问："这样的夜晚，这样的天气，我如何才能找到你的家呢？"那人便说："我会通知村里的人亮起他们的灯。"医生到那儿，果然如此，灯光沿车道一直蜿蜒，美丽无比。当诊治完毕，要返回时，他有些担心了，心里暗想："灯应该已经灭了吧？这样的夜，如何开车回家？"然而，出乎意料的是，灯仍在亮着，他的车经过一家之后，那家的灯才会熄灭。医生感动不已。试想在漆黑的夜晚，那亮而又熄的灯会组成怎样一种景象呢！

这灯，便显示出人与人之间的关爱与和谐。其实，实实在在的灯尚且如此，如果我们每个人都点亮一盏爱之灯，更会让人温暖。

每个人都是一个宇宙，在你心灵的天空中闪耀着各种各样的光芒。正是这种不灭的光，给你前进的动力、生活的勇气，我们每个人都需要被照耀。我们拥有的最为宝贵的财富，便是那盛满爱与善的爱之灯，这盏灯是那么温馨美好，以至于每一次的提及，都会让人联想到阳光、鲜花、蓝天、白云，以及至纯至美、远离尘俗的境界，让每一个人感动。

又想到曾经看过的一个故事：一个部落，在迁徙的途中经过一片茫茫的大森林，天色已晚，无月、无光、无火，难以前进。身后的路与前方的路同样漆黑迷茫，大家在彷徨、在恐惧，陷入了深深的绝望之中。此时，一个其貌不扬的青年掏出自己的心，那心在他手中燃起烈火，他高举着明亮的心，带领族人走出了黑森林。后来，他成了这个部落的酋长。只要心里有盏灯，再平凡的人也会有美丽的人生。

那么，就让我们点亮这盏灯吧。正如那盲人所说，不仅照亮别人，也照亮自己。只有这样，我们的爱心才会永存，我们才会更加热爱生活，享受生活赐予我们的一切。同时，也会给别人以光明，让他们体会到生活之美，以及人与人之间的和谐。我们的世界将会变得更加美好，我们在这个孤单的星球上才不会孤独。爱的灯火是不会灭的——只要你心中有爱——在这个美的世界。

我们沿着各自的轨迹走着，带着一盏灯，一盏放射出无限光芒的灯，与天空中的星星为伴、媲美。你知道吗？多少动人的、美丽的故事，就发生在那"灯火阑珊处"呢！

哦，那么，就让那灯永远地亮着……

教师点评：作者用现实的灯带给人的光明、温暖、感动，写心灵的灯带给人的光明、希望、爱心、力量，层层深入，行文中点染名著，穿插故事，娓娓道来，灯的内涵逐渐显露。用题记点题，首尾照应，中心突出，体现了推己及人的博爱胸襟。

十、总结

这节课通过分析高考作文的评分标准，为学生讲清了作文的基本要求，并结合学生作文中出现的问题，有针对性地讲解了论点的确立及论据的选择和使用。

课后作业：1. 按照论据的要求，重新修改刚写的议论文；2. 试着以这篇命题作文的题目再写一篇记叙文。

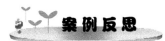 案例反思

职业学校的学生对写作文兴趣不浓，尤其缺乏提升作文水平的动力和信心，作文质量普遍不高。学生平时看到名家大家的文章，觉得距离遥远，高不可及；看到周围同学写的好作文，又空有羡慕赞许之词，而无推敲学习之意。久而久之，学生缺乏理论上的引领，自然会在实践中显得苍白无力。为此，语文老师要在作文讲评上下足功夫。

一次偶然的机会，我搜集到了苏州市职业学校合格考试现场作文的好词佳句，不禁眼前一亮。这些学生和我所教的学生基本为同龄人，他们的现场作文既真实感人又令人信服，他们如此出色的文章可以成为其余学生学写作的鲜活的榜样，教师再在讲评的基础上提炼作文技巧和方法，提出写好作文的要求，就显得水到渠成、自然而然了。

　　在搜集、整理、提炼材料的基础上，我把教学目标设定为帮助学生把握话题作文的写作方向，掌握话题作文的写作技巧，提高学生作文质量。教学重点、难点围绕作文如何达到"深刻"和"有文采"。第二次授课时我按照同样的方式，结合高考作文，讲授作文如何达到发展等级中"丰富"和"有创新"的要求，也结合了学生自己的作文和高考满分作文，这样，在形式和内容方面给学生理论方法上的引领，在内容实质方面给学生思想精髓的升华。第三次授课时，我在学生掌握以上"深刻""有文采""丰富""有创新"的基础上，根据学生作文论据存在的问题，再次结合高考作文，突破"作文如何运用论据"这个难点。

　　从上课效果看，由于受到同龄人优秀作文的感染，学生兴致勃勃、惊叹不已，在老师的启发下，灵感喷涌，佳句迭出，最终学生通过学习他人的作品和自身的实践，明白了写好作文的途径：广泛阅读、勤于动笔、精于思考。

　　这三次成功的作文教学告诉我们：巧妇难为无米之炊，教师要注意作文讲评材料的选择和对材料的加工提炼，从而将对学生写作文的要求自然而然地转化为学生自发的需要，教会他们如何现场写好议论文，最终达到"教是为了不教"的目的。

教学案例：微型小说赏析练

案例背景

　　要让学生写好作文，教师还需要根据学生的特点，寻找能激发学生的创作灵感、激起学生的创作热情、引导学生进行创作的授课方法。中学生虽然思想欠深刻，不长于议论，但其思想不受束缚，联想丰富，想象新奇，创造力强，尤其喜欢读故事和写故事。故事是微型小说的立身之本，微型小说是话题作文写作训练的最好的学校。于是，我找到了用微型小说来开启学生创作大门的授课思路。

　　秤砣虽小，能压千斤。以小见大，见微知著。

　　如果说小说是"缩略人生"，那么微型小说就是"小说的绝句"。

　　微型小说的故事性强，如果离开了故事，微型小说就将成为一辆没有轮子的汽车或一台没有芯片的电脑，最终只能与废铜烂铁为伍。

　　微型小说追求幽默，用幽默的躯壳包容严肃的主题，让有趣的细节承载沉重的内蕴，或试图用幽默诠释一个哲理。

　　微型小说的质量与其本质特征是分不开的，它有五大特点：小、巧、新、奇、深。"小"指篇幅短小，便于阅读；"巧"指构思巧妙，可读性强；"新"指题材新颖，吸引读者；"奇"指视角奇特，开拓思维；"深"指思想深邃，撼人灵魂。最重要的是"深"，即用极小的篇幅包含极大的思想，震撼人的心灵。

　　我在深入了解微型小说的特点之后，自选素材，按照课题研究的思路，独创了"微型小说赏析练"这一教学设计。

案例描述

【教学目标】

1. 情感目标：分析主旨。

2. 知识目标：学习手法。

3. 能力目标：引导创作。

【教学方法】

课题研究法。

【教学环节及过程】

一、导入新课

教师讲授：深受观众喜爱的喜剧表演艺术家潘长江曾有这样一句台词："浓缩就是精华。"这句话放之四海而皆准。在科技领域，移动电话从 20 世纪八九十年代砖头一样的"大哥大"逐步变为今天小巧精致的手机；又比如我们眼前这台笔记本电脑，在外形上由厚重型变为超薄型，重量上由最重的 5 千克左右到今天的 1 千克左右，这些科技产品外形变小了，分量变轻了，功能却更多了，科技含量也增高了。在生活领域，以前见所未见、闻所未闻的小型西瓜、小西红柿占领的市场份额越来越大，赢得了众多消费者的青睐。文化领域也不例外，随着人们生活节奏的加快，鸿篇巨著似乎已逐步淡出人们的视野。今天，我将和大家一起以课题研讨的方式学习一种"短平快"的小说体裁——微型小说，按照引题欣赏、入题分析、扣题归纳、结题训练、成果拓展的顺序，进入微型小说赏析练。

二、引题欣赏

讲述四则小故事，使学生从中受到启发，引发学生创作的激情。

（1）狗鱼的故事

有一种鱼叫作狗鱼。狗鱼富有攻击性，喜欢攻击一些小鱼。科学家们做过这样一个实验：把狗鱼和小鱼放在同一个玻璃缸里，在两者中间隔上一层透明玻璃。狗鱼一开始试图攻击小鱼，但是每次都撞在玻璃上。慢慢地，它放弃了攻击。后来，实验人员拿走了其中的玻璃，这时狗鱼仍没有攻击小鱼的行为，这个现象被叫作"狗鱼综合征"。

教师分析：这个故事告诉我们，思维定式一旦形成，有时是很悲哀的。这也是我们要不断学习新知识、新观念的原因之一：形势在不断变化，必须关注这些变化并调整行为。一成不变的观念将带来毫无生机的局面。

归纳：思维定式带来墨守成规。

（2）裙子的故事

头戴帽子、身穿裙子的三个女孩在海边玩耍，她们分别来自美国、日本和中国，一阵海风吹来，三个国家的女孩出现三种不同的举动。只见美国女孩两手紧紧按住帽子，任裙角高高飘扬；日本女孩两手紧紧捂住裙子，任凭帽子被卷入大海；中国女孩两手都抓，一只手死死地按住帽子，另一只手紧紧捂住裙子。

提问：这个故事说明了什么？对三个女孩的行为做简要评价。

明确：美国：思想开放，金钱意识强；日本：富有但思想保守；中国：中庸之道，既不破财也不走光。

归纳：刹那间女孩们下意识的举动体现了三个国家的文化背景。

（3）汉奸的故事

火车上有一个汉奸，他对面坐了一个年轻小伙子、一个年轻姑娘和一个老太太。这几个人都知道坐在他们对面的这个人是汉奸，大家都恨不能打他一顿，只是苦于没有机会。恰在此时，火车经过山洞，只听"啪"的一声，不知道谁的脸上挨了一巴掌。当火车出了山洞的时候，只见汉奸脸上有很深的五个手指印。汉奸心想："肯定是那个隔壁的小伙子调戏边上的姑娘，这个姑娘以为是我，所以打错了人。"而这个小伙子心想："这个狗汉奸，我平时不敢打你，这个时候不打你，更待何时？"老太太想："这一巴掌肯定是这个姑娘打的。这狗汉奸太坏了，过山洞还不忘调戏姑娘。"小姑娘心想："这一巴掌肯定是老太太打的，这狗汉奸，连老太太都不放过！"

归纳：心理刻画，精彩绝伦。

（4）斯坦门茨的故事

20世纪初，美国福特公司正处于高速发展时期，每一辆刚刚出厂的福特汽车都有许多人等着购买。有一次，福特公司一台电机突然出了毛病，几乎整个车间都无法运转了，相关的生产工作也被迫停了下来。公司调来大批检修工人反复检修，又请了许多专家来察看，可怎么也找不到问题出在哪儿，更谈不上维修了。福特公司的领导火冒三丈，别说停一天，就是停一分钟，对福特来讲也是巨大的经济损失。这时有人提议寻求著名的物理学家、电机专家斯坦门茨的帮助，大家一听有理，急忙派专人把斯坦门茨请来。

斯坦门茨仔细检查了电机，然后用粉笔在电机外壳上画了一条线，对工作人员说："打开电机，在记号处把里面的线圈减少16圈。"工人们照办后，故障果然排除了，生产也立刻恢复了。

福特公司经理问斯坦门茨要多少酬金，斯坦门茨说："不多，只需要1万美元。"1万美元？就只简简单单画了一条线！要知道，1万美元可是一个普通职员几十年的收入总和！斯坦门茨看大家迷惑不解，转身开了个清单："画一条线，1美元；知道在哪儿画线，9999美元。"福特公司的总经理看了之后，不仅照价付酬，还重金聘用了斯坦门茨。

归纳：知识创造财富，知识改变命运。

教师小结：在"引题欣赏"部分，我们感受了四则故事。故事是微型小说的立身之本。通过对四个故事的赏析，同学们是不是有所触动、有所感悟，更有一种创作的冲动呢？如果有的话，那就是"激情"。曾有哲学家说过，一个成功的人，必须具备三个要素，第一是激情，第二是能力，第三是目标。所以，光有激情还不够，我们还必须具备相应的能力，否则就会心有余而力不足。能力不是天生的，而是需要后天的培养。接下来，我们进入"入题分析"部分，看能否通过这部分的学习，提高鉴赏、创作微型小说的能力。

三、入题分析

（一）师析

1. 示范分析

优势与缺陷

三个旅行者同时住进了一家旅店。

早上出门的时候，一个旅行者带了一把伞，另一个旅行者拿了一根拐杖，第三个旅行者什么也没有拿。晚上回来的时候，拿伞的人浑身是水，拿拐杖的人跌得满身是伤，而第三个旅行者却安然无事。前两个旅行者很纳闷，便询问第三个旅行者："你怎么会没事儿呢？"

第三个旅行者没有回答，而是问拿伞的旅行者："你为什么淋湿而没有摔伤呢？"拿伞的旅行者说："当大雨来的时候，我因为有了伞就大胆地在雨中走，却不知怎么淋湿了。当走在泥泞坎坷的路上时，我因为没有拐杖，所以走得非常小心，专拣平稳的地方走，所以没有摔伤。"

然后，第三个旅行者又问拿拐杖的旅行者："你为什么没有淋湿而是摔伤了呢？"拿拐杖的旅行者说："当大雨来的时候，我因为没有伞，便专拣能躲雨的地方走，所以没有淋湿。当走在泥泞坎坷的路上时，我便挂着拐杖大步走，却不知为什么总是跌倒。"

第三个旅行者听过之后，笑笑说："这正是我安然无恙的原因。当大雨来的时候，我躲着走，当走在泥泞坎坷的路上时，我小心地走，所以我没有淋湿也没有摔伤。你们的失误就在于你们有可以凭借的优势，认为有了优势便少了忧患。"

主旨：缺陷能给人以提醒，优势却使人忘乎所以。人，往往跌倒在自己的优势上。

手法：高于生活，因旨驭材，巧设错位。

类型：哲理型。

教师小结：这篇小说采用了"因旨驭材，巧设错位"的手法，带伞的人淋湿了，带拐杖的人摔伤了，看似荒诞，实则合理，因为优势与缺陷有时可以互相转化，利弊共存。叶圣陶的短篇小说《多收了三五斗》就采用了这一手法，描绘了古代封建社会的一种奇怪现象，即种粮食的人吃不上粮，养蚕的人穿不上绸，卖肉的人吃不上肉，揭露了丰收成灾的社会现实，产生了强烈的讽刺效果。北宋诗人张俞的诗《蚕妇》这样写到："昨日入城市，归来泪满巾。遍身罗绮者，不是养蚕人。"看似荒诞实则合理，这都是社会的不公平造成的。

2. 教师引导分析

来电显示

张先生为自己家的电话安装"来电显示"纯属偶然。那一天，他去电信局交上一个月的电话费，交完后，里面的一位客服挺热情地笑着对他说：

你办不办"来电显示"啊？免费办理，另外再赠送一部"来电显示器"。张先生一听，这真是个既便宜又方便的好事。虽然办好手续后才知道每月要多交六元钱，但这样电话和手机一样，能根据自己的判断决定是否接听了。

回到家后，张先生按要求安好"来电显示器"。然后，他用手机试着拨打了一下自己的电话，果然，伴随着悦耳的铃声，显示屏上立即显示了他的手机号码。这真方便。张先生自言自语道。

这时，电话铃又响了起来，张先生一看，号码挺陌生。但他正闲着无事，就随手接听了起来。一听，原来是房产开发公司催要房钱。他所住的这套房子是分期付款买的，房钱还未交清。放下电话后，他有些为难了，自从买了房子，每月都要按期交两千多元，使他渐渐有些吃不消了，就开始四处借债，但这次该向谁开口借钱呢？思来想去，他想起了朋友吴先生。吴先生是做电脑生意的，最近很是发了一笔财，向他借个三五千元大概是不成问题的。于是，张先生找出号码本，拨通了吴先生的手机。几声回铃之后，对方就切断了电话。张先生知道，吴先生向来是这样的，他总是不接手机，而是切断后，再用旁边的固定电话打回来，这样省钱。果然，不久电话铃响了。张先生拿起电话后，先是和吴先生寒暄了几句，然后极委婉地提出了借钱的意思。吴先生极爽快地问，什么时间用？张先生说最好是今天，房产公司已经打电话催了，最迟也不能晚于明天。吴先生在电话里"呀"了一声，遗憾地说，真不巧，我现在人在北京，正开订货会，一周后才能回去，看来你只好想别的办法了。张先生听完后，"啪"的一声就挂了电话，随即嘴里骂了一句。他已经从来电显示屏上看到，吴先生是用本市的电话打过来的，看来吴先生根本就不想借钱给他。

张先生还烦着，电话又响了。他一看，是一个手机号码，挺熟。想起来了，是妻子单位老总的号码。他接起来，却听到妻子的声音，说今晚要加班，得晚回去几个小时。他冷静地问，你现在在哪里？用的是谁的电话？妻子有些不耐烦地说，问这么详细干什么？他坚持要她回答，她终于说，我在办公室，用办公室的电话打的。他冷笑一声说，我限你二十分钟之内回到家里。对方说了声，没门儿！就关了机。他的心里更加烦躁，抓起写字台上的"来电显示器"狠狠地摔在了地板上。

（摘自大众网，作者刘林，有删改）

主旨：高科技带来的戏剧效应——无意中的透明化反而更能揭示人性丑恶。

手法：源于生活，一波三折，适度夸张。

类型：现实型。

教师小结："来电显示"这种技术本来是带给人方便的，可是在这篇小说中，我们看到它带给张先生更多的却是烦恼。为什么会烦恼呢？因为通过来电显示，他看到了人性的丑恶，看到了人性的虚伪。如果没有来电显示，没有透明化，反而皆大欢喜。来电显示就像一面镜子，让人的虚伪暴露无遗，让人的丑恶无所遁形。

（二）生析

寻找英雄

省电视台要在 A 市拍摄一组"见义勇为斗歹徒"的镜头。A 市的市长拍板同意。为增加真实感，导演提出现场抓拍，问市长行不行。

市长问，什么叫抓拍呢？导演解释说，只有歹徒和被害人是演员。"歹徒"跑，"被害人"追，群众谁上去和"歹徒"搏斗就拍谁。

市长有些迟疑，说演员和群众互不清楚底细，搏斗时万一下手重了呢？

导演说没事，我们给"歹徒"演员说好，让他下手时注意，群众下手重不要紧，我们就让"歹徒"内穿"铁背心"。

市长回头向副市长说这样好，对见义勇为者，我们作为英雄奖励。

第二天上午，拍摄工作按预定方案开始了，摄影机藏在面包车内，在大街的中心徐徐地行驶。此时，"歹徒"和"被害人"就在人行道上走着。面包车响了三声喇叭，"被害人"就一把抓住"歹徒"："你怎么偷我的钱？"

他俩扭打在一起，"被害人"边打边喊："抓住这个小偷！"

眼看着"被害人"体力不支，被打翻在地，但他死死地拽住"歹徒"，拼命地喊"抓住他"。路人围观者甚多，但没人上前，道路堵塞，自行车铃响成一片。车内，导演头上汗流了出来。还好，这时有个老头喊："抓住他呀！""歹徒"猛然拔出匕首，喊："不要命的，上来！"两个年轻人一愣，停住了脚步，"歹徒"又冲着"被害人"吼："松开，挡老子放你的血！"

"被害人"手扯着"歹徒"的衣服，还在犹豫，旁边的人说："松开吧，没多少钱，放他走吧，破财消灾。""被害人"哭着说："这是救命钱呢！我爹躺在医院里呀。"

"偷了一个人的钱，害得大家都过不去，你有没有道德？"一个急着赶路的中年人猛摁着车铃说。

"歹徒"猛地一挣，狠命向前跑。"被害人"紧追不舍，大喊着："他是小偷，截住他，抓住他！"

"歹徒"在人流中狂奔，如入无人之境，"被害人"还在后面撕心裂肺地喊着，导演在面包车中直想跳下来。

忽然，一个背着书包的小学生闪出人群，一手挥着书包，一手直直地伸出。人们都惊得睁大了眼睛。

"歹徒"喊："小兔崽子滚开，要不宰了你！"

小学生定定地站在那里，喊："都来抓坏蛋，都来抓坏蛋！"声音尖尖的，嫩声嫩气。

车内导演大喜，喊："快拍大特写！"

这时，意外情况发生了，一个中年人跑来一把拉开小学生："别管闲事，快上学去。"并对"歹徒"拱拱手说："他年纪小不懂事，你别在意！"随后伸手打了小学生一巴掌："就显着你了！"

副导喊："停机！停机！"

导演冷冷地说："难得的镜头，继续拍！"

第二天，镜头在 A 市电视台播放，全市震惊，议论纷纷。

（摘自《课外阅读》2005 年第 09 期，作者曹又清，有改动）

主旨：正义感的沦丧、对罪恶的纵容，讽刺了人们面对歹徒时的怯懦、麻木和无情。

手法：有心栽花，故意插柳，水到渠成。

类型：讽喻型。

教师小结：这篇文章的手法值得我们学习。作者有心栽的是"讽刺正义感沦丧"这朵花，却故意插了"英雄人物的寻找，老头的呐喊，小学生的勇敢阻挡"这些柳，但这些"柳"都只是其中的小插曲，最终被人们的无情和冷漠湮没，水到渠成地让讽喻这朵花更为怒放。

（三）范文欣赏及简评

教师讲授：大家知道，古代科举考试可谓"一文定终身"。我们经常说"文如其人"，一个人创造能力如何、品位多高，从其一篇文章中就能看出来。每年高考都会涌现出许多出类拔萃的作品，有的甚至让人拍案叫绝，传为佳话。2001年高考的作文话题是"诚信"，要求题目自拟，文体不限。南京考生蒋昕捷通过一篇微型小说一举名扬天下，所有评卷老师都给出了满分。

赤兔之死

建安二十六年，公元221年，关羽走麦城，兵败遭擒，拒降，为孙权所害。其坐骑赤兔马为孙权赐予马忠。

一日，马忠上表：赤兔马绝食数日，不久将亡。孙权大惊，急访江东名士伯喜。此人乃伯乐之后，人言其精通马语。

马忠引伯喜回府，至槽间，但见赤兔马伏于地，哀嘶不止。众人不解，唯伯喜知之。伯喜遣散诸人，抚其背叹曰："昔日曹操做《龟虽寿》，'老骥伏枥，志在千里。烈士暮年，壮心不已'，吾深知君念关将军之恩义，欲从之于地下。然当日吕奉先白门楼殒命，亦未见君如此相依，为何今日这等轻生，岂不负君千里之志哉？"

赤兔马哀嘶一声，叹曰："予尝闻：'鸟之将死，其鸣也哀；人之将死，其言也善。'今幸遇先生，吾可将肺腑之言相告。吾生于西凉，后为董卓所获，此人飞扬跋扈，杀少帝，卧龙床，实为汉贼，吾深恨之。"

伯喜点头，曰："后闻李儒献计，将君赠予吕布，吕布乃天下第一勇将，众皆言'人中吕布，马中赤兔'，想来当不负君之志也。"

赤兔马叹曰："公言差矣。吕布此人最是无信，为荣华而杀丁原，为美色而刺董卓，投刘备而夺其徐州，结袁术而斩其婚使。'人无信不立'，与此等无诚信之人齐名，实为吾平生之大耻！后吾归于曹操，其手下虽猛将如云，却无人可称英雄。吾恐今生只辱于奴隶人之手，骈死于槽枥之间。后曹操将吾赠予关将军；吾曾于虎牢关前见其武勇，白门楼上见其恩义，仰慕已久。关将军见吾亦大喜，拜谢曹操。操问何故如此，关将军答曰：'吾知此马日行千里，今幸得之，他日若知兄长下落，可一日而得见矣。'

其人诚信如此。常言道:'鸟随鸾凤飞腾远,人伴贤良品质高。'吾敢不以死相报乎?"

伯喜闻之,叹曰:"人皆言关将军乃诚信之士,今日所闻,果真如此。"

赤兔马泣曰:"吾尝慕不食周粟之伯夷、叔齐之高义。玉可碎而不可损其白,竹可破而不可毁其节。士为知己而死,人因诚信而存,吾安肯食吴粟而苟活于世间?"言罢,伏地而亡。

伯喜放声痛哭,曰:"物犹如此,人何以堪?"后奏于孙权。权闻之亦泣:"吾不知云长诚信如此,今此忠义之士为吾所害,吾有何面目见天下苍生?"

后孙权传旨,将关羽父子并赤兔马厚葬。

教师点评:

一是故事新奇。作者熟谙三国故事,以其为基础,编写了赤兔马为诚信而殉身的感人故事,其想象力实在丰富。

二是立意高远。文章将赤兔马拟人化,在它与伯喜的对话中,表达了对关羽与董卓、吕布两类人物的褒贬,点明了"真英雄必讲诚信"的主题;且以"鸟随鸾凤飞腾远,人伴贤良品质高"一联,"物犹如此,人何以堪"一句,抒写了人生"择善而从,唯诚信是瞻"的志向,使文章的立意更上层楼。

三是语言老到。通篇遣用纯熟的古白话,散整错综,明白晓畅,文采飞扬。这种老到的语言功夫,众多考生是无法望其项背的。

这篇满分作文给我们什么启发呢?物理学家朗道说,支撑一个人才华的,百分之八十是他的人文素养,而不是他的专业素养。这位同学从小熟读《三国演义》,并能抓住高考这一机会,展现他的才华,非常难得。古人有云,"书读百遍,其意自现",是说读书要读得精;"读书破万卷,下笔如有神",是说读书要读得多;"行万里路,读万卷书",是说读书要读得活。从这些关于读书的句子可见,读书非常重要。

四、扣题归纳

1. 学生讨论,归纳微型小说特征

(1) 小:篇幅短小,便于阅读。

（2）巧：构思巧妙，可读性强。

（3）新：题材新颖，吸引读者。

（4）奇：视角奇特，开拓思维。

（5）深：思想深邃，撼人灵魂。

2. 用王蒙关于微型小说的见解予以总结

它（微型小说）是一种机智，一种敏感，一种对生活中的某个场景、某个瞬间、某个侧面的忽然抓住，抓住了就表现出来的本领。

因而，它是一种眼光，一种艺术神经。一种一眼望到底的穿透力，一种一针见血、一语中的的叙述能力。

它是一种情绪、怅惘、惊叹、流连、幽默，只此一点。

它是一种智慧。简练是才能的姐妹。微型小说应该是小说中的警句。含蓄甚至还代表了一种品格：不想强加于人，不想当教师爷，充分地信任读者。

——王蒙

教师小结：前面我们完成了三个环节：引题欣赏、入题分析和扣题归纳。有了激情，有了能力，接下来我们要明确目标，进行训练。激情有多少之分，能力有大小之别，所以我们的目标要切实可行。接下来，我们进入第四环节——结题训练。

五、结题训练

丈夫支出账单中的一页

［美］马克·吐温

招聘女打字员的广告费……（支出金额）

提前一星期预付给女打字员的薪水……（支出金额）

购买送给女打字员的花束……（支出金额）

同她共进一顿晚餐……（支出金额）

给夫人买衣服……（一大笔开支）

给岳母买大衣……（一大笔开支）

招聘中年女打字员的广告费……（支出金额）

要求：根据枝干，添加枝叶，虚拟人物，讲解故事。

六、成果拓展（作业）

根据图片及简析文字创作 500 字左右的命题微型小说《代价》。

所给图文描述了一个出身贫寒的女大学生为学费四处奔波最终深陷困境的辛酸故事。教师讲解每幅图的要点。

七、结束语

教师总结：走进心灵家园，停泊精神港湾，找寻生命真谛，浓缩人生精华。同学们，我们今天对微型小说的学习，只是沧海之一粟，冰山之一角。但"皮之不存，毛将焉附"，所以我们要打好基础，不能好高骛远，微型小说如此，做人也是如此。如果这堂课能带给同学们一些启发，能给你们提供一些思路，目的也就达到了。

案例反思

"微型小说赏析练"的教学构思来源于对学生阅读现状的了解。学生读书相对浅显，不喜欢长篇大作，但喜欢故事，尤其喜欢简短而有新意的故事。于是，我进行了这样的教学设计，力图引导学生进行微型小说的创作。此课获得苏州市教育科学研究院、吴中区教科室专家及同行的好评。

本设计分引题欣赏、入题分析、扣题归纳、结题训练这四个教学环节。

通过教师的适时引导，实现学生读故事—品故事—明故事—写故事的一体化设计。其中，读故事，触动学生创作的激情；品故事，让学生学习故事创作手法，具备创作的能力；明故事，明确微型小说的特征，从而帮助学生明确创作努力的方向；写故事，适时引导创作，巩固课堂所学。教学中还列举了高考学生的满分作文，给学生以启发，学生兴致盎然，创作激情被充分调动起来，对语文学习的兴趣更为浓厚。

在作文训练的设计中，注重结合学生心理需求，从激发兴趣到给出方法再到提出目标，最后创作就水到渠成了。

第三章

提升素养：生活化语文的再思考

善用追问——生活化语文的锦囊妙计

何为教学中的追问？追问不是盲目、随意地连环发问，而是教师在了解学情、深度解读教材的基础上及时把控课堂的一种课堂对话行为。追问难以预设，通过追问，可以及时启发和激发学生思维，拓宽思维广度，增加思维深度，锻造思维强度，从而达成教学目标。追问是学生在教师的引导下"再创造"的过程，充分体现了教师的教学素养、教学机智、教学水平和教学能力。何时追问，何处追问，如何追问，无不体现教学智慧。我以经典课文《一碗清汤荞麦面》的课堂实录片段为例，来说明追问在生活化语文教学中的妙用。

一、何时追问：在鉴赏时追问，生成鉴赏认知

汉语包罗万象又博大精深，一个标点的使用、一个词语的更换、一次语序的调整、一种朗读方式的变化都会产生不同的表达效果。对于学生而言，课文是最好的学习鉴赏的素材。教师要带领学生深入文章，进行语言的品味，适时运用有计划的追问，来引领学生徜徉在语言文化的殿堂之中，感受语言的魅力。

《一碗清汤荞麦面》授课实录片段一

师：四次吃面的场景，每次开口要面的都是谁？她每次的用语是一样的吗？

生：是母亲。每次要面的用语不一样。

师：现在我请两位同学分角色朗读，把这四次吃面的情景再现出来。

师：第一次，"……唔……可以吗"，符合日本人的说话方式，更符合母亲当时的心理。这是语言的真实性。

师追问：为什么把"一碗"放在后面？"一碗"用重音还是轻音？

生：用轻音。因为母亲感到难为情、害羞，很不好意思说出"一碗"，她既要与孩子过年，又不愿在人前暴露家境的窘迫。因不想伤害孩子们的自尊而犹豫，三人要一碗面的尴尬，这么晚的时间因吃一碗面而麻烦人的歉疚，使得母亲每次都怯生生地发问，也反映出母亲的温良谦恭。

师问：既然犹豫、尴尬、歉疚，为什么母亲还是说了？

生：勇气来自母爱的力量。

师：这是语言的复杂性。

师追问：后三次要面的语言与第一次相比有什么不同？

生：第二次、第三次比第一次少了一个省略号，也少了些迟疑。第三次，要面的数量变成了两碗，也不再那么难为情了。第四次，因为这时候他们已经战胜了困难，语气非常平静。

师：这是语言的发展性。

师总结：通过对母亲四次要面的用语的追问，我们发现，标点符号、语序的细小的变化中，体现了语言的真实性、复杂性和发展性。

文本阅读离不开经典鉴赏，教师应引导学生对经典文段进行深度解析。鉴赏文句时，不能只看语言的精美，还要注重细节、挖掘情感，在阅读体验中生成鉴赏认知。在本授课片段中，教师两次追问，第一次追问是从语序和轻重音方面深入探讨，让学生体会到母亲的犹豫、尴尬、歉疚等复杂的情感，从而更能体会到从母爱中迸发出的勇气，初步体会人物的情感；第二次追问从标点和语言的繁简入手，让学生理解标点符号的运用对进一步表达情感的作用。两次追问，教师带领学生品味语言、对比语言，帮助学生理解语言的微妙变化带来的情感变化，从而使学生在鉴赏文本时深入语言，深度体验，生成鉴赏认知，领略语言文字的妙用，激发学生内心对语言文字的热爱。教师再因势利导，在后期教学中给学生搭建语言实践的平台，最终使学生实现从吸收到运用的有效提升。

二、何处追问：在寓意处追问，规划思维路径

在文本的理解中，对寓意的理解是重点也是难点。在对文本寓意的求索中，教师要给学生规划清晰的操作路线，让学生根据自身的阅读感知和体验展开追问性思考，以便建立完善的阅读认知体系。教师的追问要具有

指向性，追问于疑难处，追问于临界状态，激活学生思维，"不愤不悱，不启不发"，在学生似懂非懂时实施追问，从而突破重难点，达成教学目标。

《一碗清汤荞麦面》授课实录片段二

师：读完这篇小说，我们怎样理解"一碗清汤荞麦面"的含义？

生沉默，不知如何回答。

师改变问法："一碗"可以删去吗？

生：不能删去。三人能合吃一碗面，说明他们很有勇气，"一碗"是勇气的体现。

师肯定：大家说得很好。同学们，你们敢于在公开场合说自己家里大年三十晚上三人合吃一碗面吗？可见，"一碗"也说明了兄弟俩有敢于直面生活的勇气。

师追问：每次要"一碗面"的是谁？最后从一碗到三碗的数量变化说明了什么？

生：是母亲。体现了母亲对孩子的爱，母亲非凡的勇气、刻苦和坚毅。也说明母子三人最终走向光明的未来，走向幸福的生活。

师追问：这一碗面还和谁有很深的联系？

生：老板夫妇。

师追问：同学们，联系文中对老板夫妇的细节、语言、动作描写，想一想，"一碗"还体现了什么？

生：前两次母子三人到店后，老板夫妇不因为他们合吃一碗面的寒碜而歧视他们。老板娘热情地招呼，有意识地向靠近暖气的二号桌引领他们，夫妇俩还商量给他们多下多少面，这些无不表现出老板夫妇的善良和富有同情心。这是小说的社会环境。

师总结："一碗"是小说中不可替代的一个字眼。一碗清汤荞麦面承载着母亲的爱，传递着母亲的勇气与信心，包含着老板夫妇的尊重、同情和关爱，使一家人坚韧顽强、互爱互谅，最终走向光明的未来和幸福的生活。

本授课片段中，当学生对文本寓意的理解不够完善时，教师要善于通过追问设计学生的思考路径。首先，设计了"一碗面"的字眼是否可以删去的思考方向。然后规划了理解寓意的第一个路径：人物，即面对的对象，共有三类人——母亲、兄弟、老板夫妇，从每个人物的角度来考虑一碗面体现了什么。再规划理解寓意的第二个路径：数量，从一碗面到三碗面的数量变化体现了什么。最后规划理解寓意的第三个路径：方法，带领学生细细品读文中的语言、动作、细节描写，从而感受老板夫妇的温情。正是在教师有意识地搭设的三个路径的规划实施中，学生逐渐理清了小说的三要素——人物、情节、环境，了解了文本的阅读体系，深入理解了文本寓意。

三、如何追问：在细节处追问，实现德育渗透

语文学科融人文性、知识性、工具性于一体，在提升人文素养方面有得天独厚的优势。教师要充分发挥文本维度的思政育人功能，寓德育于文本教学之中。在文本中找准细节，联系当下进行对比反思，帮助学生展开追问性阅读，对作者情感、人物形象、文本主题展开深入探讨，使学生获得丰富的阅读体验，从而达到"润物细无声"的效果。

《一碗清汤荞麦面》授课实录片段三

师：我们都看过感动中国人物评选，其中有很多感人的事迹，让我们一次次潸然泪下。下面我们也进行一次人物评选，在这篇小说里，最令你感动的人物是谁？他对你又有着怎样的启发？

生：我觉得最让人感动的是两个儿子。那封信让我特别感动。他们遭遇变故很不幸，但他们努力承担着这一切。

师：家庭遭遇困境时，兄弟俩是怎么做的？有哭闹堕落和埋怨逃避吗？

生：没有，他们明确分工，哥哥送报纸，弟弟在家做饭，从而减轻了母亲的重担。他们和母亲共同努力并相互鼓励，最终走出困境，两人都努力学习并学有所成。

师追问：联系当今社会上一些遇到挫折后自甘堕落的青少年，兄弟俩在逆境中的表现让我们学习到什么？

生：要做一个不逃避、努力学习、有家庭责任感、乐观向上的青少年。

师追问：最后这家人的境况越来越好，给我们什么启发？

生：努力很重要，只有积极面对，人生才会收获幸福。（掌声）

师：弟弟的理想是什么？

生：开日本第一的面馆，并对每一位顾客说"祝你幸福"。

师追问：开面馆作为人生理想我们可以理解，但为什么要对每一位顾客说"祝你幸福"呢？

生：这是一种温情的传播。因为店老板的善良和对身处困境的母子三人的尊重，弟弟鼓起了生活的勇气，并要将这种善良与尊重的人性的温情传播开来，让大家都处于一种温馨的社会环境中。我也要做像兄弟俩这样的人。（掌声）

追问讲求适时。教师要敏锐捕捉学生思维中存在的问题或切入点，及时补充、提醒、追问，才能有效达成德育的目标。比如本片段中，教师三次追问，第一次联系当下一些遇到挫折后自甘堕落的青少年，启发学生在家庭层面做一个有责任心、乐观向上的青少年；第二次追问，从母子三人的境况好转入手，启发学生在个人成长层面做一个努力打拼、积极面对生活的人；第三次追问，抓住弟弟的祝福语这个细节，启发学生在社会层面做一个营造充满善良、尊重、温情的社会环境的人。在追问中联系现实，引导学生对比反思，潜移默化地培养学生的情感和情怀。

追问是一种教学艺术，运用得法，便能事半功倍地促进学生深度学习、深入鉴赏文本、达成教学目标，从而实现德育渗透。因此，教师在深入研究教材和学情的基础上，要把握好问题设计与追问技巧，适时雪中送炭，再因势利导顺势一击，将学生思维引向辽远，将学生的人格塑造引向高处，从而充分体现教学的有效性。

巧设路径——生活化语文的教学策略

采用什么办法能让学生认同语文，深入语文学习，从而在潜移默化中提升核心素养呢？教师要从语文知识和学生本身的特点出发寻找解决途径。

语文知识的产生过程具有生活性、趣味性、交际性等特点。语文源自生活，生活孕育语文，生活处处皆语文。语文的外延等于生活的外延，如果语文中没有生活，就会成为无本之木、无源之水。

中职学生处于青春期阶段，自尊与自卑同在，特别看重别人对自己的评价，强烈希望通过各种途径来获得别人的注意和尊重，意志的坚强性与行动的自觉性有了较大的发展，只要有适宜的环境条件，他们就会积极地投身其中，渴望在实践中获取知识，增长能力，追求自我实现和个人成就感。

通过前期的学生语文学习需求调研数据汇总，我提炼出以下数据：对于"你认为怎样才能算学好语文？"，学生回答"能与生活融为一体"的占36.8%，"能学以致用"的占49%；对于"你希望语文课重点讲哪些内容？"，学生回答"讲解融入生活"的占84%；认同"在平时的上课中，老师将生活情境引入课堂时，你觉得有点兴趣"的占37%，选择"很感兴趣"的占37%；认为"语文学习融于生活"很有必要的占53%，有必要的占35%。

因此，基于提升学生核心素养的需要，结合语文与生活联系紧密的学科特点、中职学生的心理特点及目前的教学现状，生活化语文教学势在必行。

何谓"生活化语文"？"生活化语文"是指语文的"教"与"学"都与生活相融相通，充分利用生活中的资源进行教育教学，并引导学生在生活中运用语文。其主旨在于在联系生活的基础上充分挖掘出语文教学的方法、途径与智慧，激起学生强烈的求知欲和浓厚的学习兴趣，从而培养出良好的语文核心素养。

以下将聚焦素养提升，以生活化语文理念为引领，寻找角度，优化路径，以研究和应用为载体，结合具体案例谈谈中职生活化语文教学的实施策略。

《中等职业学校语文课程标准（2020年版）》指出，语文作为"母语教育课程，学习资源和实践机会无处不在，无时不有"。因此，教师可以在教学的各个环节，想方设法组织开展一些生活化的语文实践活动，从而达到"学以致用、用以促学、学用相长"的目的。

一、路径一：教学内容生活化，开发适切的课程资源

建构主义学习理论认为，在课堂教学中，将知识和实际生活联系起来，有助于学生对知识的理解和掌握。教师在授课中要能从学生的实际生活经验中挖掘学生熟悉的生活案例，从而激发学生的学习动力和热情。同样的授课内容，贴近学生生活的与距离学生生活较远的，会呈现完全不同的授课效果。

案例：

我在"口语交际：投诉的处理"的授课中，前后共设计了两种导入方法。

第一种：

教师出示生活中的几个电话号码，让学生猜猜分别是什么热线：

序号	电话	序号	电话
1	12315	6	12348
2	12319	7	12301
3	12305	8	12318
4	12378	9	12320
5	12300	10	12321

在学生抢答之后，教师出示答案：

序号	电话	热线	序号	电话	热线
1	12315	消费者投诉举报	6	12348	全国法律服务
2	12319	城建服务	7	12301	国家旅游服务
3	12305	邮政业消费者申诉	8	12318	全国文化市场统一举报
4	12378	银行保险消费者投诉维权	9	12320	全国公共卫生公益
5	12300	工信部电信用户申诉	10	12321	网络不良与垃圾信息举报

提问：同学们，生活中投诉时有发生，人们的维权意识正在增强。面对投诉，我们该如何处理呢？

为引起学生关注，我设计了用电话号码设置抢答题的导入方式，但实际授课时发现学生对投诉热线比较漠然，也并不熟悉，这个导入看似接近生活，其实距离学生生活还比较遥远，所以并没有激起学生学习本课的兴趣。

第二种：

第二次授课时，我设计了这样的导入语：

某主播直播间事件相信大家都有所耳闻，"你有没有努力工作？工资涨没涨？"已经成为大家都熟知的一句话。一支79.9元（净含量0.08克）的眉笔，让带货主播直接翻车，并且这一系列闹剧并没有随着该主播的道歉而平息。互联网时代，怎样去面对和服务消费者成为我们应该思考的问题。

在这个互联网经济高度发展的时代，这样的画面相信大家并不陌生。（展示某购物软件差评截图）在购物、点外卖的过程中，点下"差评"对于消费者来说可能是一件微不足道的小事。现在，让我们站在客服的角度思考，这些差评会对"我们"造成哪些影响？（请学生回答）

客户投诉，意味着企业形象受损，声誉面临危机。那么，我们应如何处理差评？面对客户的投诉，我们又该如何应对？

生活处处是语文，处处留心皆学问。今天我们一起学习投诉的处理，去学习语言中的生活妙招。

这样结合最新的热门话题的导入一下子激发了学生的兴趣，再联系购物软件的差评——生活中学生熟悉的鲜活的实例，让投诉的概念、投诉造成的影响瞬间吸引了学生的注意力。在此基础上，强调"生活处处是语文，处处留心皆学问"，学生就会以生活中处理投诉问题的迫切性和必要性为出发点去学习本堂课的内容。

前后两种导入方式，变的是对生活化导入语言的处理：第二种有生活素材——最新热点某主播事件，有相似实例——某购物软件差评，有画龙点睛之笔——生活、语文、学问的关系，迅速拉近了学生与课堂的距离，激发了学生的学习兴趣，接近教学目标。

这一课例体现出教师对课程资源的开发。"语文课程资源是指语文课程编制及语文教学活动过程中利用的各种因素，同样包括人力、物力以及社会、人文资源。"① 教师要跳出教科书的限制，从广阔的生活中寻找教学资源。面对相同的信息、相同的文本、相同的学生课堂表现，不同的教师有不同的应对方式。教师对于生活资源的发现、鉴赏、开发、改造、利用的实践和能力，决定了教师所在班级课程资源的应用效果。

二、路径二：作业布置生活化，体验创新的媒介应用

为调动学生的主动性，提高学生的综合能力，教师可以进行个性化作业设计，追求多形式、多角度，融合听、说、读、写、画等形式，把传统的非读即写的语文作业转化为有创造性、趣味性的具体的学习任务，使作业的内容体现生活化和社会化，为作业注入新的形式与活力，尽可能提高学生在生活中运用知识的灵活性和趣味性，从而促使学生在生活中学习语文，在实践中应用语文，在开放中创新语文。

案例：

在阅读与欣赏课文《荷花淀》时，为使学生感受人物形象，品味不同性格人物不同的语言处理方式，第一次授课时我布置了一个这样的作业：

水生对青年妇女的成长有怎样的看法？对此，青年妇女又有怎样的评论？

实际情况是学生对此项作业积极性不高，作业质量较低，学生呈现的水生的语言偏于官方和书面化，不同青年妇女的评论的语言基本没有体现

---

① 倪文锦，欧阳芬，余立新. 语文教育学概论［M］. 北京：高等教育出版社，2009：252.

不同性格带来的微妙区别。

第二次授课时，我改变了作业形式：

对于青年妇女的成长，以水生的视角，写一篇朋友圈文案发表看法，并模仿五种不同性格的妇女的口吻，在下面写评论。

这个作业的本意是用生活化的方式，使用学生熟悉的沟通形式，带领学生感受人物形象，品味不同性格的不同语言处理方式。

这次学生的作业文句鲜活、自然，呈现百花齐放的局面。

学生作业举例1：

水生：我见过女医护员，但从来没见过女人扛枪上战场，今天真是见到了。自家媳妇和兄弟们的女人成立了队伍，在今年秋季时，我每天见她们练习射击，原本以为她们只是玩玩。今天反击敌人的"围剿"时，她们非要跟着一起来，我本来不愿意让她们跟，但还是拗不过她们，就叮嘱她们只能在远处看。但在我们跟敌人打得不分胜负时，她们拿起了枪，在那片芦苇的海里来回穿梭，与我们配合得还挺好哩！

评论：

含蓄机智型：我们可不拖你们尾巴，不比你们差！

羞涩谦虚型：没有啦，天天看我家男人练，学了点儿而已。

谨慎稳重型：早就听说今天有场恶战要打，我叮嘱她们带上枪，以防万一。不过，我们应该也能掩护你们离开。

性急冒失型：我看到鬼子就想冲上去了，但水生嫂让我停下来先看看局势再决定到底出不出去。

勇敢果断型：听到水生嫂下达指令后，我可是第一个冲出去的。

学生作业举例2：

水生：看来自我走后，那群"落后分子"也不甘示弱，在村里成立了队伍。当然"姜还是老的辣"，她们就算成长迅速，也追不上我们的。（骄傲）

评论：

含蓄机智型：我们还有很大进步空间，但我相信我们有一天会超越你们的。（微笑）

性急冒失型：你说谁比不上你，你敢不敢和我比比谁杀的鬼子多？（生气）

谨慎稳重型：最近鬼子还是很多，不要独立行动，还是要小心。

羞涩谦虚型：嗯，大家表现得都挺好。

憨厚朴实型：同志们都很强，配合十分默契，没必要争个谁强谁弱。

日常生活中，学生习惯用微信、QQ进行沟通交流。这份作业，教师巧妙引入生活中常用的社交软件——微信，选择了微信朋友圈中发动态、点赞、评论等生活中常用的微信功能。教师引导学生活用生活化的语言，揣摩不同性格人物的语言风格，激发了学生深入研究本文的兴趣，学生兴趣盎然，对人物的性格揣摩到位，情感把握细致入微。

此作业设计走出了课本习题碎片化的局限，于细微之处引导学生在笔墨之间感悟学习之美，原本枯燥的语文学科变得活泼起来。通过体验创作的过程，学生不仅提高了创作写作能力，也感受到了大语文的美，享受着大语文带来的快乐！

本案例选择新媒体作为训练载体，符合学生的认知能力，可操作性强。这类作业，可以培养学生对社会生活中新技术、新媒体的认同与利用意识，丰富学生语言运用的实践，让学生在贴近生活的日常情景中提升语言建构与运用的层次性、深度思维的发展性、审美鉴赏的创造力等学科核心素养。

三、路径三：任务设置生活化，创设开放的交际情境

语文新课标指出，要推行任务驱动、问题导向等符合学生特点的语文教学方式，培养学生自主、合作、探究的能力，激发创新思维。

案例：

在《最后一片叶子》的授课中，我设计了这样三个教学目标：

1. 把握小说内容，理清脉络，了解小说情节结构的特点。

2. 赏析小说的巧妙构思，体会"最后一片叶子"的深刻内涵。

3. 感悟人性之美，认识建立精神支点对人生的重要性，懂得关爱他人，坚定人生信念。

其中，"体会'最后一片叶子'的深刻内涵"的目标比较抽象，是授课的难点。

为此，我避免了贴标签的模式，打破日常平铺直叙的授课方式，设置了以下三个任务：

1. 设置生活化情境一

听到贝尔曼去世的消息，贝尔曼的生前好友赶来出席他的葬礼。在葬礼上，好友向琼希和休了解情况。请分别以琼希和休的叙事视角讲述故事。注意还原故事，走进人物的内心世界。

这个任务创设了一个葬礼上三人相遇并讲述贝尔曼情况的生活化情境。学生通过以不同人物的叙事视角来讲述故事，从不同角度增进了对故事的理解，走进了人物的内心世界。

为了讲好这个故事，学生自然浏览全文数遍去梳理情节，然后转化为自己的理解。通过这一过程，学生明确了：根据叶子的情况，琼希经历了从消沉到绝望，再到振作乃至新生的心理变化。琼希把这"最后一片叶子"作为自己生命的征兆，作为放弃生命的理由，而那片坚强的藤叶面对凄风苦雨的打击不肯屈服飘落。叶子尚且如此，何况是人呢？这给陷入绝望中的琼希以极大的鼓舞，促使她重新振作起来。从琼希的经历中，学生看到了信念对一个人是何等的重要。坚强的信念是生命赖以延续的精神支柱。

这时，水到渠成，教师带领学生归纳出"最后一片叶子"的第一层含义：对琼希而言，最后一片叶子是"生"的希望和信念。

2. 设置生活化情境二

作为贝尔曼的生前好友，你如何介绍贝尔曼？休会如何介绍贝尔曼？

文章对贝尔曼着笔不多，要理解这个人物的立体形象，需要设置任务情境。通过贝尔曼生前好友的介绍，可以了解贝尔曼穷困潦倒、一直没有画出人生杰作的境况；通过休的介绍，可以理解贝尔曼的举动维系了琼希生的信念。学生在准备人物介绍的过程中，自然而然地探究了一系列人物描写的方法。

至此，对于人物的外貌、语言、动作描写，以及正面描写和侧面描写，学生会自发去分析总结。通过总结分析，学生看到了贝尔曼平凡、丑陋，甚至有点讨厌的外表下那颗火热的、金子一样的爱心。他穷困潦倒却无私地关心、帮助他人，甚至不惜付出生命的代价；郁郁不得志仍不放弃追求，抱负远大，最终完成了惊人的杰作——《最后一片叶子》。

3. 设置生活化情境三

请你化身贝尔曼，用内心独白的方式体现贝尔曼画叶之前的心理状态。

在这个任务中，学生在了解人物之后，通过内心独白的方式，情境代入地去体会贝尔曼在画叶前是否有过挣扎、有过矛盾、有过纠结。认清肺炎和暴风雨的双重危险之后仍然舍己救人，这才是平凡的英雄。

至此，学生水到渠成地理解了"最后一片叶子"的深刻内涵。

针对教学难点，结合本篇文章的行文，我采用了任务驱动的教学方式，分别设置口语交际情境，引导学生从不同视角看待故事。这一教学构思新颖独特，便于学生把贝尔曼遇到琼希前和遇到琼希后的两个不同阶段结合起来，总结出一个立体的人物形象；学生通过在台上以模仿《雷电颂》中屈原内心独白的方式，激情演绎贝尔曼画叶前的心理状态，更加能被这个人物的高尚行为震撼。

这个案例体现了生活化语文教学中，教师可以根据学生的认知特点，创设真实的或接近真实的交际情境，安排有实际意义的交际任务，使学生产生如临其境的现场感和对象感，激发学生的表达欲望。通过代入生活情境，学生在教师的带领下一步步走进人物的内心世界进行语言实践，从而突破教学难点，达成教学目标。

四、路径四：教学方法生活化，营造积极的语言环境

"积极的语言实践活动"中的"积极"一词，既不是指学生的学习态度和教师的教学态度，也不是对学习材料和学习结果的价值判断，而是一种有利于开展语文学习的情境条件和学习目的指向等因素的综合考量，是将学习兴趣、学习资源、学习任务、学习过程整合起来，以促进教学目的——提升语文学科核心素养——的达成。

案例：

有人说，学生在语文课堂中有"三怕"：一怕写作文，二怕周树人，三怕文言文。学生认为鲁迅的文章"晦涩难懂"，因为教师教学时处在以语文课堂、考场为代表的语言学习环境。针对这一现状，某位老师在教授《祝福》一课时，营造了生活化的以公共场所为代表的语言运用环境，巧妙地选择"剧本杀"这一形式，带领学生找到了杀死祥林嫂的真凶。以下是教案。

1. 导入案件

在偏僻小镇接连发生命案，阿Q、孔乙己，听说这次的受害者是一个女人！

鲁镇侦探队在"祝福"日清晨接到群众报案，称鲁镇街头发现一具女性尸体。接警后，侦查员火速前往案发现场，现场已聚集大量围观群众，并指认死者系鲁镇居民祥林嫂。祥林嫂为何暴尸街头，杀害她的凶手到底是谁？侦探队迅速展开案情调查。

（生速读课文，梳理情节，抽取身份牌。）

2. 学生扮演剧本中的各个角色，各司其职

角色1：警长：复盘鲁镇血案背景（故事背景梳理）。

角色2：法医：出示死者刑侦报告（人物形象描写梳理）。

角色3：目击证人"我"：陈述死者特征（人物形象描写梳理）。

角色4、角色5、角色6：各镇民描述死者生前遭遇（人物相关情节梳理）：一声叹息、一个笑柄、一场谈资。

角色7：警员总结死者生前遭遇（总结归纳）。

角色8：侦查员说明自己的案件笔记（人物眼睛特征梳理）。

角色9：犯罪嫌疑人之一——柳妈：根据警官的提问，为自己的行为辩护。

角色10：犯罪嫌疑人之一——鲁四老爷：根据警官的提问，为自己的行为辩护。

角色11：犯罪嫌疑人之一——鲁四婶：根据警官的提问，为自己的行为辩护。

角色12：犯罪嫌疑人之一——祥林嫂的婆婆：根据警官的提问，为自己的行为辩护。

角色13：线索搜寻之一——福兴楼店小二：出示福兴楼菜单报价。

角色14：线索搜寻之一——鲁府管家：出示鲁家下人管理账册及死者生前工资支取单。

角色15：线索搜寻之一——庙祝：出示法物流通账册。

3. 推理归纳

学生回顾案件细节，梳理线索内容，整理探案笔记，推理出杀害这个

"没有春天的女人"的真正凶手——他们生活在两千年封建统治的禁锢下，精神上受到极大毒害，成为冷漠、残忍的人，有意识或无意识地一起把祥林嫂推向死亡的深渊。压在祥林嫂这些普通底层百姓身上的是什么？是政权、族权、夫权、神权四座大山！

《祝福》中"政权、族权、夫权、神权"的压迫——这个深刻的主题具有时代性，学生难以理解，教师将这一主题细化到小说中的诸多人物和细节之中，采用了"剧本杀"这一学生平时喜欢的角色扮演的形式，为语文学习营造了积极的语言实践环境。学生深入其中，探究人物，步步深入，从而抽丝剥茧，理解了小说的深刻主题。

陶行知先生认为，教育应该以生活为中心，他曾说："没有生活做中心的教育是死教育。没有生活做中心的学校是死学校。没有生活做中心的书本是死书本。"① 语文教师应当树立大语文学习观，贴近学生生活和职场，充分利用身边的学习资源，扩大学习的空间，多角度引导学生进行生活化语文学习，激发学生作为学习主体参与教学活动的强烈愿望，同时，将语文教学的目的和要求转化为学生作为生活主体热爱语文、积极生活的内在需要，从而使学生在语文学习中提高语言、思维能力，形成必备品格和关键能力，从而提升核心素养，为终身发展奠基。

---

① 陶行知. 陶行知全集：第二卷 [M]. 成都：四川教育出版社，1991：468.

活用方法——生活化语文的系列战线

所谓教学方法，是指师生为完成一定教学任务在共同活动中所采用的教学方式、途径和手段。职业学校的教学方法要由培养目标的定向性、课程内容的实用性和教学过程的实践性来决定。职业学校教学质量的高低，往往与教师所采用的教学方法有密切的关系，教学方法决定学生获得知识、掌握技能、形成能力的实现程度。

教无定法，贵在得法。捷克教育家夸美纽斯认为，应该采取一切可能的方式将孩子们身上求知与求学的欲望激发起来。古希腊哲人普鲁塔克说过，头脑不是一个要被填满的容器，而是一个需要被点燃的火把。所以教师应在宽松的教学环境中，尽快点燃火把，促使学生思维高速运转，引导学生自己领悟，学会读书，学好语文，猎取新知。

从教学方法来看，智慧的教师总是精心设计自己的教学，选择最佳角度切入，设计最佳导入激趣，设置最佳问题促思，选取最佳材料助学，引出最佳疑问导创，让学生在一种"兴奋、积极、灵动、神思、投入"的"思维场"中大显身手，大长知识、本领和才干。

课堂生活是学生一生中最重要的生命历程之一，这一历程对他们的发展方向和生命意义的建构都具有不可磨灭的影响。随着教育在人一生中作用的增强，课堂生活对人的终身发展更是具有不可或缺的奠基作用。中职语文教学更应关注学生课堂生活的质量，拒绝凝固的课堂生活方式，提倡创新和充满生命活力的课堂生活。

中职课堂中普遍存在的单一的传授式教学方法，使学生的课堂生活单调、机械、沉闷，导致教师的厌教和学生的厌学。现实生活中，不少教师抱怨现在的学生素质越来越差，课简直没法上，却从不在自己身上找原因。其实，学生在课堂生活中的需求是多层次的，单一的课堂教学方法根本无法满足学生的课堂生活需求。只有开放的教学方式，才能丰富学生的课堂生活。教师要根据学习内容、学习时间和空间的需要，以及学生的实际情况等诸多因素选择适当的教学方法，保证学生参与的深度、广度和长度（持续性），全方位地调动学生的自主思考与探索。

职业中学的学生基础相对较差，学习兴趣不浓厚，教师要提高文化课尤其是语文课的教学效率，困难还是比较大的。要想真正提高学生把握语文、运用语文的能力，就必须进行语文教学方法的改革，发挥语文教学的实践性，把课堂、课余都还给学生，在语文实践活动中完成语文的教学任务。那么，如何在语文实践活动中完成语文的教学任务呢？我进行了一些探索。

一、以良好的开端形成教学的良性循环

俗语说，良好的开端等于成功的一半。这句话适用于很多领域，在语文教学中也同样如此。传统意义上的语文教学，拘泥于周而复始的字、词、句、篇的讲解、剖析，既肢解了活生生的语文，又弱化了语文的人文性，学生还有什么学习兴趣可言？更不要说什么课堂的教学质量了。其实，语文是一门充满思想、充满智慧、充满人文精神的学科。语文教学作为母语教学，学习资源和实践机会无处不在、无时不有，语文教学应该是走向综合化和生活化的教学。如果我们抓住语文教学的这一特点和本质，在语文学习的开头使之渗透进去，让学生体会到语文学习的乐趣，激发他们学习语文的兴趣，就会收到事半功倍的效果。杨振宁博士说得好："成功的真正秘诀是兴趣。"

那么，一个良好的开端应如何建立？如何把握好这个重要的开端呢？不妨尝试在语言、文字的提炼中进行文化的点拨，让语文学科成为文化的真正载体，你便不难发现：峰回路转，曲径通幽，事半功倍。

二、以激情的互动体验把握教学的最佳结合点

中职生基础差，难免缺乏学习的主动性。而如果教师上课一味采用"满堂灌"的教学模式，让学生机械地记、背，语文课堂势必缺少互动交流。因此，构建师生交流的平台，是把握"教"与"学"最佳结合点的

关键。

(一) 控制教学难度是开展互动的前提

教师备课时，教学目标的设定要切合职校学生的实际，只有切合学生实际，才有开展互动的可能性。而要选定恰当的教学目标，就要把握好教学的"难度"。这里的"难度"是指知识传授所需要达到的难易度，它不同于通常所说的"教学难点"。"教学难点"指教学内容中感知、理解难度较大的知识点，是一种客观存在。而这里的"难度"的控制则是对教学内容的动态把握。在教学过程中，难度过低，学生学习无压力，容易滋生懒惰情绪，不利于知识的掌握和能力的形成；难度过高，则学生容易因无法接受和掌握而产生畏难心理，同样不利于知识的掌握和能力的形成。因而教师应遵循"最近发展区"理论，激励学生在一"跳"一"摘"中获得提高，学生"跳起摸高"的位置就是我们教学难度的上限。

例如，一位教师在教授《林黛玉进贾府》一课时，设定了这样几个教学目标：① 分析林黛玉、贾宝玉、王熙凤等人的性格特征；② 根据课文内容画出荣国府院落方位图；③ 正确理解宝黛爱情的悲剧意义。分析这些目标，我们发现除了第一个目标学生经过一番努力尚可实现，其他的目标不要说中等职业学校的学生，恐怕普高生、大学生，甚至有些专家学者也未必就敢说自己的答案是正确无误的。应当谨记，一节课的定位不准会导致这一节课的教学失败，而一门学科的定位不准势必导致这一学科教学的失败。

(二) 根据学生心理情感特征开展互动

学生的情感特征为教学互动的开展奠定了基础。中职生正处于情窦初开时期，对爱情是如此向往和渴望，如何通过教学帮助学生树立正确的爱情观和价值观呢？讲爱情诗是个很好的途径。比如在学习柳永的《雨霖铃》时，可以以"早恋"为话题，展开关于爱情、友情的讨论。很多学生对这个话题津津乐道，在这种活跃的氛围中，学生兴趣高涨地阅读欣赏了《雨霖铃》，也感受到了词中那份缠绵悱恻的情感。在学习舒婷的《致橡树》时，学生以"女性应当保持独立还是成为附庸"为话题，热情洋溢地欣赏了全诗并展开讨论，最终对舒婷"保持自身的独立与尊严"的观点深感认同。这正如《叶圣陶语文教育论集》中所言："教师之为教，不在全盘授予，而在相机诱导，必令学生运其才智，勤其练习，领悟之源广开，绝熟之功弥深，乃为善教者也。"① 教师只要善于发现学生的兴趣点，并适时地予以引导，为他们创设一种快乐的学习氛围，学生自然而然就会动起来。

在课文教学中，只要碰上学生感兴趣的话题，就可以或大或小、或长或短、或随堂或专门组织一次演讲论辩会。可以是学生与学生之间辩，也可以是学生与老师之间辩，还可以让学生与家长辩。比如，我在教授钱锺书先生的《读〈伊索寓言〉》后就组织了一次演讲赛，以激发学生的创新意识，培养学生的创新思维；在讲《林黛玉进贾府》时，组织随堂辩论"林黛玉该不该与贾宝玉结婚"，帮助学生树立正确的恋爱观。

中职生虽然成绩不够优秀，却能歌善舞，尤其喜欢表演，我就抓住这一心理特点开展戏剧单元教学。可以说，表演课本剧，是把课文铭刻在学生心中最有效的方法。我在进行小说和戏剧教学时，谁有兴趣就让谁上台表演，若很多人都有兴趣，就搞一个表演赛，随后让大家评判，看谁更能把握原文人物，谁的表演更体现原文情节、更符合原文意境。学生兴致很高，现场气氛相当热烈，从表演中，他们找回了自信。

（三）结合学生实践需要开展互动

研究并结合学生的知识和能力特点，根据实践的需要来教学，实际上就切合了学生未来的发展趋势，这会在很大限度上诱发学生学习的动因，使他们产生浓厚的学习兴趣和强烈的求知欲，保持一种良好的学习状态，提高学习的质量。

例如，中职语文课本中每册都有应用文，在很多学生看来，应用文是最枯燥乏味的。我在进行应用文教学时，先讲解基本格式，然后把课堂当作人才招聘会。我和几个指定的学生扮作公司经理、人事局长、办公室主任、学校校长，现场模拟招聘各类人才，让学生现场给用人单位撰写应用文，写好后让大家评判是否符合要求，不符合要求的落选，再去应聘，直到聘上为止。这样，学生就知道了应用文的实用性和重要性，从而激发出学习应用文的满腔热情。

---

① 叶圣陶. 叶圣陶语文教育论集［M］. 北京：教育科学出版社，1980：721.

常言说得好，下塘方知水深浅，体验才有发言权。《义务教育语文课程标准（2017年版）》明确指出："语文是实践性很强的课程，应着重培养学生的语文实践能力，而培养这种能力的主要途径也应是语文实践。"也就是说，学生是语文学习的主人。在教学过程中要加强学生自主的语文实践活动，引导他们在实践中主动地获取知识、形成能力，避免烦琐的分析和琐碎机械的练习。这就说明，在由"教师、教材、学生"组成的教学活动中，学生不是被动的教材的灌输对象，而是主动学习教材的求知者和探索者。即语文课就是在教师指导下的学生自己的语文实践课。教师只是语文实践活动的组织者、引导者、合作者，教师上课就像导演拍戏，戏的成功与否关键在于演员的好坏。学生就是演员，可以在"导演"的启发下充分发挥自己的主观能动性。这就要求语文教师绝不能以烦琐的分析和机械的练习去干扰和压抑学生的求知欲和探索欲。总的来说，教师的职责是因势利导、从旁协助，而不是越俎代庖、包打天下。根据中职学生好动爱玩的特点，我们可以把语文课变成表演课、朗读比赛课、演讲课、文学鉴赏课、讨论课等，激发学生对语文的兴趣，让学生在种种活动中提高语文运用的能力。

三、以书香活动寻找新的教学增长点

语文不是一门纯粹的技术性学科，它的许多能力因素不是靠直接的传播和简单的模仿获得的，而是在日积月累的语文实践中，通过慢慢的领悟、一点一点的积累而习得的。因此，学习语文仅靠单一的课堂已远远不能满足学生求知的需要，必须把学习的主阵地从课堂拓展为更广阔的语文世界，如此才能激发出更为强大的活力，找到新的"增长点"。

培根说："阅读使人充实。"高尔基说："我读书越多，书籍就使我和世界越接近，生活对我也变得愈加光明和有意义。"这些名言都说明，阅读是学习之母、智慧之源，是学好语文的基础。当今社会科技迅猛发展，信息瞬息万变，中职学校的语文教学，一方面要重视阅读，尤其要多读，学生通过多读从各种读物中广泛吸取营养，提高阅读能力，适应社会的发展。另一方面要打破传统教育空间的概念。行万里路，读万卷书，语文课堂理应向社会延伸。因此，我力争每学期带学生走出课堂几次，到大自然中寻

找生命的足迹，陶冶学生的情操，增强学生的毅力，从而拓宽学生的知识面，培养学生的实践能力，让他们学会在自然中找到灵感，挖掘隐藏在心灵深处的闪光点，充分发挥自身的潜能，丰富自己的精神世界，提高文化品位，这也是提高语文水平的一个途径。

借创建书香校园的契机，也可开展各项读书活动，提高学生素养，调动学生积极性。比如，学校语文教研组制订了详细计划，以丰富多彩的活动吸引学生学诗歌。如每天早自修时语文老师在所教班级指导学生学诗，并以小组为单位开展背诗歌竞赛，由于有全体同学参与，再加上那种你追我赶的氛围，学生学诗歌背诗歌的热情高涨，正是在这种快乐的氛围中，许多学生培养了学诗歌的兴趣；还有班主任与语文老师合作，在班团课带领学生模拟诗歌中所描述的场景，设计台词，进行表演，在这种自娱自乐的过程中，学生对所学的诗歌又多了一层理解；学校的广播站也在规定的时间内播放配乐诗朗诵，在优美的旋律中，让学生感受诗歌的魅力。

通过一系列的活动形成一条有力的语文教学战线，语文课的教学不再是一潭死水，而是形成师生互动的、教师为主导学生为主体的、师生间共创的一种和谐平等的教学氛围，真正做到了"教学相长"。学生端正了学习态度，形成了良好的学习习惯，构建了合适的学习方法，这些都是他们终身学习的有力保障。这样，也就达到了叶圣陶先生提出的"教是为了不需要教"的境界。

四、以跨学科多维整合推进素养提升

（一）文化引导，构建区域文化与学生核心素养相结合的桥梁

根据学校主体专业，将语文和区域文化结合起来，可以构建区域文化与学生核心素养相结合的桥梁。作为一所以旅游专业为主的三星级中职学校，学校可以打造体现地域和学校特色的独特校园文化，将旅游特色融入校园文化，从而形成自己的校园特色文化。学校每年都会举行"导游讲解大赛""礼仪风采大赛""校园美食节""茶艺表演""校园文化艺术节"等文化品牌活动，学生可以在活动中锻炼自己各方面的能力。

（二）假日实践，实现区域文化与学生核心素养相结合的德育模式

除了践行中等职业教育"2.5+0.5"的人才培养模式，学校充分依托地

处苏州市太湖国家旅游度假区的假日旅游经济的优势，创造性地提出了"假日实践"这一专业课教学模式。提升旅游专业学生的核心素养，离不开企业的支撑。学校和企业协作，根据企业用人需要，师生利用周末、节假日参与酒店和旅游景点的服务工作，为专业课程改革提供了契机，突出了专业为地方经济服务的本质。这一教学模式，为旅游人才培养模式改革提供了新的思路，学生也通过下企业实训提前接触行业，服务技能与服务意识等职业素养得到了较大的提升。

与时俱进的"吴文化"，对学生职业素养的养成具有潜移默化的实质性作用，语文老师应抓住学生学习和成长中的关键期，依托"吴文化"的精神与内涵，帮助学生成为旅游行业的优秀人才。

学校以"吴文化"作为主要的沟通桥梁，让学生在一系列的实习活动中进一步了解自己的专业，实现理论教学与实践教学的无缝对接，使学生的专业能力得到锻炼，丰富了学生的内心体验，积淀了学生的"吴文化"素养，引导学生树立正确的价值观，同时也为"吴文化"的传承找到了途径。

学生也通过假日实践将学习"吴文化"、践行"吴文化"融入日常的学习生活之中，更加贴切职业特色和专业实际，在实践中感受和领悟"吴文化"的精髓，并最终内化为自身的核心素养。

中职学校围绕学校主干专业，结合自身研究学科，对不同专业中各学科的核心素养进行研究，有利于提高学生的职业核心素养，增强学生的就业能力，为学生终身发展奠定坚实的基础。核心素养怎么落地，需要一个总体谋划。既要强调素养意识，更要自然和谐地融入；既要各学科独立践行，更要跨学科多维整合；既要突出必修课程，更要用好其他课程。核心素养还应是"各具特色"的，即学生的核心素养应是"基本素养+特色素养"。要把"知识为本"的教学转变为"核心素养为本"的教学，必须大力推进学习方式和教学模式的改变！

写在最后

努力做科研的引领者

从事中职语文教学工作近三十年，我在备课上精益求精，有较丰富的省、市级公开课的执教经验，也积累了很多可参考借鉴的教学案例。在成长过程中，我深刻体会到教学与科研的相辅相成，感受到教科研对教师成长的重要性。

如果用一段话来描述我对教科研的感悟，我想引用苏轼在《石钟山记》中的一段话："郦元之所见闻，殆与余同，而言之不详；士大夫终不肯以小舟夜泊绝壁之下，故莫能知；而渔工水师虽知而不能言。"苏轼的这一段话描述了对"石钟山"名字来由的追寻，用来概括我们职业教育的科研现状也未尝不可。从知识层次来看，中学教师可比作苏轼所谓的"士大夫之族"，但是如果从目前的工作状态来说，那大多数人又无疑是"渔工水师"。出于各种各样的原因，不少中学教师安于现状，不图突破，对自己从事领域的诸多现象熟视无睹，更不要提"百尺竿头，更进一步"。如此日复一日，年复一年，今年是去年的重复，明年又是今年的翻版。时间久了，就成了"虽知而不能言"的"渔工水师"，成了人们常说的"教书匠"。即使再怎么发展，也已没有空间可以提高，充其量也就是"包工头"，再难担"人类灵魂的工程师"的美誉。

何其悲哀！现实生活中我们大多数时候扮演的正是"教书匠"的角色，对于教科研，有些教师以为就是搞个课题，写两篇文章，能评职称就可以高枕无忧了。更多的时候，我们是重形式轻内容、重结果轻过程的。其实不然，成长比成绩更重要，成人比成功更重要。做人如此，做学问亦如此；学生如此，教师亦如此。能做到各行状元的人，绝对不可能仅仅是"匠"，而是大师，更是敢想敢拼、有创新思维的思想大师：是因被草叶划破手指而发明了锯子的鲁班；是不仅可以修建宫殿，而且可以参与设计紫禁城的蒯祥；也是别人还安于蝇头小利的时候，他的生意已经遍布天下的"红顶商人"胡雪岩。作为教师，我们的科研应扎扎实实地从身边的具体事件做起。

所谓教科研，意思就是教育科学研究，既要立足教育，又要讲究科学，更要注重研究，观察目前是什么样的，分析为什么是这样，思考怎样才能做得更好。在教学中进行科研，用科研来引领教学，二者不是孤立的，更不是静止的，而是相辅相成，更是相得益彰。

苏州的文化灵魂可归结为"崇文，融和，创新，致远"，其实用这八个字来形容教科研也很适合。"崇文"才可以"致远"，"融和"才能够"创新"。我想，教科研绝不仅仅是搞个课题、写篇文章那么简单，而是需要崇文、融和、创新，更需要致远，因此教师必须做到多读、多写、多思、多总结，既要理性，更要悟性。理性让人掌握知识和常理，悟性让人获得思想和智慧，正如爱因斯坦所说："想象力比知识更重要。"

同时，搞教科研要静得下心，守得住孤独，耐得住寂寞，容不得半点投机取巧。教师发展需要功利，但绝不能把功利当作人生的唯一坐标。只有对每一个教学案例进行深入思考，进行实践和理论研究，我们的教学才能更具实效性。

致力做文化的传播者

为了让学生能成为优秀的职业人，除了专业素养之外，教师更应注重人文内涵的培养。最关键的是引导学生多读书，读好书，正所谓"腹有诗书气自华"。

要引导学生读书，首先，教师要多读好书，开卷有益。

其次，在多读书的基础上，教师要成为文化的有效传播者。

记得学校在接受省课改试验点验收的时候，一位专家（同时也是一位校长）提了这样一个问题："你们是怎么解决学生上课睡觉的问题的？"听起来也许有些好笑，一位校长怎么问出这样一个问题？但这恰巧暴露了职校学生素质偏低导致的教师教学有时无效的共性问题。有些老师只会抱怨教学内容理论性强，学生素质差，上课是对牛弹琴，却很少从自己身上找原因。

《百家讲坛》栏目一贯坚持"让专家、学者为百姓服务"的宗旨，致力于架起"一座让专家通向老百姓的桥梁"，从而达到普及中华优秀传统文化的目的。其中，某知名学者讲《论语》，做到了通俗易懂，能够把《论语》用故事的形式传神地表达出来，让每一个人都能对中国文化有所了解，并从中感悟到人生之哲理、生活之真谛。学者专家们用平实的语言传播圣人的智慧，让更多的人了解经典，受惠于经典！也许可以这么说，经典如果只是在象牙塔中供少数专家研究，也就失去了它存在的意义。同样，如果我们的课堂只有几个成绩好的学生在听讲，其余学生神游在外，那么也就失去了上课的意义，更谈不上教学质量。老学究的讲座总是让人昏昏欲睡，而让知识巨人穿上时髦的衣服，既赏心悦目又知识丰富，学生听得进去，课堂才能真正发挥"传道授业解惑"的功能。

正如《百家讲坛》力图搭起"一座让专家通向老百姓的桥梁"，我们的课堂也要努力搭起"一座让老师通向绝大多数学生的桥梁"。我想，有品位而又多彩的和谐课堂肯定是有生命力的课堂！

在《穿透人生》这本书的封面上有这样一段话："每个人身上都隐藏着原子能，但只有很少的人能够点燃它；每个人的大脑中都有一个金矿，只是很少有人开采它；每个人的身后都沉睡着一个神通广大的巨人，可是很少有人唤醒他。"① 苏格拉底说，每个人的身上都有太阳，只是要让它发光。作为教师，我们要善于激发学生的兴趣，唤醒学生的潜能。当学生的兴趣被充分激发时，当学生的潜能被充分唤醒时，当语文成为学生的生活需要时，我们的教学才是真正成功了！

凡事念念不忘，必有回响。因它传递你心间的声音，绵绵不绝，相印于心。执着于教学研究，做文化的传播者，应是一名好教师永恒的追求。

我们要做有情怀的教育者，做有梦想的管理者，致力于打造有温度、有质量的教育，并从中寻找职业的成就感与幸福感。

愿我们始终保有这份对教学研究的热爱与执着，共同奔赴内心的星辰大海！

---

① 郑晓红. 穿透人生［M］. 上海：上海三联书店，1999.

参考文献

［1］苏霍姆林斯基. 给教师的建议［M］. 杜殿坤，编译. 北京：教育科学出版社，1984.

［2］中华人民共和国教育部. 中等职业学校语文课程标准：2020 年版［M］. 北京：高等教育出版社，2020.

［3］陶行知. 陶行知全集：第二卷［M］. 成都：四川教育出版社，1991.

［4］叶圣陶. 叶圣陶语文教育论集［M］. 北京：教育科学出版社，2015.

［5］董旭午. 让语文回家：我的生活化教学理想［M］. 上海：华东师范大学出版社，2012.

［6］王荣生等. 语文教学内容重构［M］. 上海：上海教育出版社，2007.

［7］董旭午. 真教语文，教真语文［M］. 西安：陕西师范大学出版总社有限公司，2013.

［8］姜大源. 职业教育学研究新论［M］. 北京：教育科学出版社，2007.

［9］李镇西. 从批判走向建设：语文教育手记［M］. 成都：四川少年儿童出版社，1999.

［10］王斌兴. 在欢乐中成长：名师讲述最具活力的课堂愉快教学［M］. 重庆：西南师范大学出版社，2008.

［11］黄麟生，倪文锦. 先进教育思想　高超教学艺术［M］. 桂林：广西师范大学出版社，1991.

［12］林崇德. 21 世纪学生发展核心素养研究［M］. 北京：北京师范大学出版社，2016.

［13］黄菊妹. 中职语文教学中的人文素质教育［D］. 武汉：华中师范大学，2013.

［14］孟玲. 生活化语文教学探究［D］. 重庆：西南大学，2008.

［15］张代新. 中职语文生活化作文教学策略探究［D］. 聊城：聊城大学，2020.

［16］魏师玲. 高中语文阅读教学生活化研究［D］. 南昌：江西师范大学，2019.

［17］沈冰慧. 生活化语文理念下中学语文阅读教学策略研究［D］. 黄冈：黄冈师范学院，2019.

［18］杨艳秋. 中职语文教学中职业精神渗透策略研究：以旅游服务与管理专业为例［D］. 石家庄：河北师范大学，2014.

［19］周卫鸽. 中职语文教学改革中几个基本问题的反思［D］. 上海：上海师范大学，2009.

［20］刘琨娣. 论李镇西生活化语文教育经验［D］. 北京：首都师范大学，2017.

［21］曾莹. 中职生学习习得性无助感研究［D］. 南昌：江西科技师范学院，2011.

［22］彭伟伟. 中职语文生活化课堂教学研究［D］. 杭州：浙江工业大学，2017.

［23］李辉. 中职语文"专业—分层"式教学的改革与探索［D］. 长沙：湖南师范大学，2011.

［24］曹隽. 以案例教学提升中职语文教学有效性的实践与研究［D］. 上海：华东师范大学，2010.

［25］陈德剑. 中职学校语文综合实践活动的现状与对策研究［D］. 重庆：重庆师范大学，2012.

［26］汪瑞林. 核心素养：素质教育再出发的起点［N］. 中国教育报，2015-05-13（10）.

［27］石鸥. 核心素养的课程与教学价值［J］. 华东师范大学学报（教育科学版），2016，34（1）.

［28］辛涛，姜宇，王烨辉. 基于学生核心素养的课程体系建构［J］.

北京师范大学学报（社会科学版），2014（1）.

［29］王秀丽. 中职语文教学与专业课程整合的探索［J］. 辽宁教育行政学院学报，2009（4）.

［30］宋天社. 对新时期语文教学模式的思考［J］. 濮阳教育学院学报，2002（3）.

［31］董旭午. 生活化语文教学范式的实践探索［J］. 徐州师范大学学报（教育科学版），2011（1）.

［32］盛群伟. 基于职业能力的高职服务类专业学生语文能力结构研究［J］. 河南职业技术师范学院学报（职业教育版），2009（3）.

［33］辛涛，姜宇. 全球视域下学生核心素养模型的构建［J］. 人民教育，2015（9）.

［34］施久铭. 核心素养：为了培养"全面发展的人"［J］. 人民教育，2014（10）.

［35］顾明远. 核心素养：课程改革的原动力［J］. 人民教育，2015（13）.

［36］成尚荣. 基础性：学生核心素养之"核心"［J］. 人民教育，2015（7）.

［37］李镇西. 变"应试语文"的"生活语文"［J］. 中学语文教学，1996（16）.

［38］顾黄初. 贴近生活：语文教学改革的一种趋势［J］. 中学语文教学参考，1994（10）.

［39］刘国正. 语文教学与生活：在"大语文教育"研讨会上的发言［J］. 中学语文教学，1993（2）.

［40］董旭午. 将生活化语文教学进行到底［J］. 语文学习，2015（6）.

［41］李自庆. 高职语文教学应强化职业能力的培养［J］. 教育与职业，2006（29）.

［42］叶卫青. 浅谈中职语文教学中的职业素质教育［J］. 中国职业技术教育，2006（1）.

［43］刘彩凤. 中职语文教学应与专业相结合［J］. 中国职业技术教育，2006（25）.

［44］谢文新. 中职语文教学应确定专业导向［J］. 中国职业技术教

育，2005（10）.

［45］王川. 论职业教育的内涵与本质属性［J］. 职教论坛，2005（16）.

［46］熊梅. 当代综合实践活动课程开发的理论基础［J］. 教育研究，2001，22（3）.

［47］周家玉. 初中语文生活化教学策略研究［J］. 语文教学通讯（D 刊　学术刊），2019（1）.

［48］董旭午. "一化六教"：生活化语文课堂教学基本范式［J］. 江苏教育研究，2015（16）.

［49］张传青. 初中语文生活化作文教学策略探索［J］. 语文教学通讯（D 刊　学术刊），2021（8）.

［50］李兰. 核心素养视野下的初中语文阅读教学生活化策略［J］. 中学教学参考，2021（3）.

［51］杨幼萍. 以生活涵养语文，用语文化育生活：谈"生活化语文"教学中核心素养的生成［J］. 语文教学通讯（A 刊　高中刊），2019（2）.

［52］吴敏. 关于语文教学课堂教学的一些思考［J］. 语文教学之友，2014（4）.

［53］陈桂良，朱向军. 论高职语文教育过程中职业素质的融入［J］. 职教通讯，2014（6）.

［54］刘松明. 中职语文综合实践活动课设计初探［J］. 现代语文，2013（51）.

［55］柳夕浪. 从"素质"到"核心素养"：关于"培养什么样的人"的进一步追问［J］. 教育科学研究，2014（3）.

［56］武美平. 中职语文教学中学生职业素质的培养研究［J］. 课程教育研究，2014（10）.

［57］唐燕萍. 论综合职业能力的培养［J］. 中国职业技术教学，2002（22）.

［58］刘润平. 加强中职语文教学实用性的研究［J］. 教育教学论坛，2014（34）.

［59］武美平. 中职语文教学中学生职业素质的培养研究［J］. 课程教

育研究，2014（10）.

［60］周晓华. 论案例教学法在旅游管理专业教学中的应用［J］. 当代职业教育，2013（8）.

［61］褚宏启，张咏梅，田一. 我国学生的核心素养及其培育［J］. 中小学管理，2015（9）.

［62］陈嫱. 浅谈中职语文教学生活化［J］. 成功（教育版），2012（9）.

［63］张孝纯. "大语文教育"的基本特征：我的"语文教育观"［J］. 天津教育，1993（6）.

［64］牛小红. 中职语文教学生活化策略的几点思考［J］. 现代职业教育，2020（3）.

［65］毛辉玲. 中职语文综合实践活动教学的有效性研究［J］. 广东教育（职教版），2011（8）.

［66］顾振彪. 大力发展中学语文活动课［J］. 广东教育，1997（10）.

［67］熊猛. 论陶行知的生活教育理论及其对综合实践活动课程的启示［J］. 福建论坛（人文社会科学版），2010（A1）.

［68］龙熙银. 新时期中职语文教学的行动纲领：浅谈对 09 年语文新大纲的认识［J］. 当代教育论坛（教学研究），2010（4）.